Wörterkunst
Das kreative LRS-Training

Band 1: Nomen

Von Dr. Martina Weiß

Dieses Buch gehört

Für Jannik, Jonas, Finja und Kevin

Copyright 2017, Dr. Martina Weiß, Wiesbaden

Das Werk, einschließlich seiner Teile, ist urheberrechtlich geschützt. Jede Verwertung ist ohne Zustimmung der Autorin unzulässig. Dies gilt insbesondere für die elektronische oder sonstige Vervielfältigung, Übersetzung, Verbreitung und öffentliche Zugänglichmachung.

Liebe Kinder, liebe Eltern,

herzlich willkommen bei Wörterkunst, dem kreativen LRS-Training.

Was ist das Besondere an Wörterkunst?

Bei anderen LRS-Übungsbüchern bearbeitest du ein Rechtschreibthema und setzt dann verschiedene Wörter in die Übungen ein. Bei Wörterkunst dagegen lernst du die häufigsten Wörter. Durch verschiedene Schreib- und Leseübungen, Bewegungsübungen und vor allem durch ein selbst gestaltetes Wörterbild prägt sich das Wort in dein Gedächtnis ein. Das ist wichtig, denn Kinder mit Rechtschreibschwäche haben häufig Schwierigkeiten mit dem Wortbildgedächtnis. Mit Wörterkunst lernst du die häufigsten Wörter und kannst dadurch viele Fehler vermeiden.

Im Folgenden erkläre ich dir, wie du mit Wörterkunst arbeiten sollst:

Auf der linken Seite findest du die Wörter und Übungen, die du bearbeiten sollst.

Die rechte Seite besteht nur aus linierten und freien Seiten. Hier schreibst du deine Übungswörter und Sätze hinein und malst deine Wörterkunst-Bilder.

Du solltest an 5 Tagen in der Woche jeweils 3 Wörter bearbeiten.

Arbeite regelmäßig, es ist viel sinnvoller an 5 Tagen in der Woche nur 3 Wörter zu bearbeiten, als einmal in der Woche 15 Wörter.

Am Anfang findest Du eine Konzentrationsübung, diese kannst du an jedem Tag vor dem Üben durchführen.

Wenn du die Wörter bearbeitest, lernst du als erstes, warum du das Wort so schreibst und wie du dir die Schreibweise besser merkst.

Dann schreibst du das Wort auf die rechte Seite.

Im Anschluss machst du eine Bewegungsübung. Stell dir vor, wie das Wort geschrieben wird, während du die Übung machst.

Danach findest du eine Wörterschlange, in der du das Wort finden sollst. Diese Übung dient der optischen Differenzierung, das heißt, es trainiert deine Fähigkeit, bestimmte Buchstaben (Wörter) unter anderen Buchstaben zu erkennen.

Anschließend suchst du andere Wörter, die das gesuchte Wort enthalten. Einige Wörter sind schon vorgegeben, vielleicht fallen dir noch weitere Wörter ein.

Nun kommt eine kleine Lese- und Abschreibübung, und im Anschluss sollst du dir selbst zwei Sätze ausdenken. Formuliere kurze, einfache Sätze und bitte jemanden, die Sätze, die du aufgeschrieben hast, zu kontrollieren.

Am Schluss kommst das Besondere: Male ein Bild, und schreibe das Wort in das Bild hinein. Ein Beispiel findest du auf der folgenden Seite. Wenn dir zu einem Wort kein Bild einfällt, schreibe das Wort in verschiedenen Farben und Größen auf. Auch hierfür findest du ein Beispiel.

Blättere immer wieder dein Wörterkunst - Buch durch und schau dir deine Bilder an. Hierdurch werden sich die geschriebenen Worte gut in dein Gedächtnis einprägen.

Wörterkunst kann selbständig bearbeitet werden. Der Lernerfolg kann durch ein wöchentliches Training mit einem Wörterkunst - Coach noch gesteigert werden.

Nähere Informationen hierzu unter www.woerter-kunst.de

Viel Spaß mit Wörterkunst wünscht dir dein

Wörterkunst -Team

Zuerst machst du eine Übung, die dir hilft, dich besser zu konzentrieren:

Schließe die Augen.
Stelle dir einen ganz kleinen Punkt in deiner Lieblingsfarbe vor.
Nun stell Dir vor, dass der Punkt langsam größer wird.
Er ist so groß wie ein Tischtennisball.
Dann so groß wie ein Tennisball.
Dann so groß wie ein Fußball.
Dann so groß wie ein Hüpfball.
Dann so groß wie ein Heißluftballon.
Du hängst dich an den Ballon und schwebst durch die Luft.
Du fliegst zu einem Ort, den du besonders schön findest.
Du schaust von oben auf den Ort herab.
Jetzt wird der Ballon langsam kleiner und du sinkst wieder zu Boden.
Der Ballon wird immer kleiner.
Er ist so groß wie ein Hüpfball.
Dann so groß wie ein Fußball.
Dann so groß wie ein Tennisball.
Dann so groß wie ein Tischtennisball.
Dann ist er ein ganz kleiner Punkt und verschwindet.
Du machst die Augen wieder auf.

Wenn dir diese Übung gefallen hat, kannst du sie an jedem Tag vor dem Training durchführen.

1. Wald

1. Das Wort **Wald** ist ein Nomen, deshalb wird es immer groß geschrieben. Nomen erkennt man daran, dass sie einen Begleiter haben: der **Wald**
- Um zu erkennen, dass **Wald** am Ende mit einem d geschrieben wird, kann man das Wort verlängern, indem man die Mehrzahl bildet: die **Wälder**
Nun kann man das d am Ende gut hören.

2. Schreibe **Wald** in die Überschrift deines Wörterbuchs
   Schreibe darunter: der **Wald**
   die **Wälder**

3. Steh auf. Male mit der rechten Hand eine 8 in die Luft. Während du malst, sage laut **Wald**. Stelle dir hierbei vor, wie das Wort **Wald** geschrieben wird.
   Wiederhole dies insgesamt 5mal.
   Mache die gleiche Übung nun 5mal mit der linken Hand.

4. Finde das Wort **Wald** und kreise es ein.
   Wie oft kommt es vor?

   TanneWortWaldbaldWildWaldBildaltWaldkalt

5. Das Wort **Wald** kommt auch in anderen Wörtern vor.
   Ur**wald**, Laub**wald**, Nadel**wald**, Regen**wald**, **Wald**gebiet
   Fallen dir noch mehr Wörter ein?

6. Lies die Sätze laut vor und schreibe sie in dein Wörterbuch, unterstreiche **Wald**:

   Im **Wald** gibt es viele Bäume.
   Ich gehe gerne in den **Wald**.

7. Denke dir zwei weitere Sätze aus, in denen das Wort **Wald** vorkommt und schreibe sie in dein Wörterbuch.

8. Gestalte die rechte Seite des Wörterbuches mit einem Bild, welches das Wort **Wald** mindestens 5mal enthält.

2. Bild

1. Das Wort **Bild** ist ein Nomen, deshalb wird es immer groß geschrieben. Nomen erkennt man daran, dass sie einen Begleiter haben: das **Bild**
- Um zu erkennen, dass **Bild** am Ende mit einem d geschrieben wird, kann man das Wort verlängern, indem man die Mehrzahl bildet: die **Bild**er
Nun kann man das d am Ende gut hören.

2. Schreibe **Bild** in die Überschrift deines Wörterbuchs
    Schreibe darunter: das **Bild**
    die Bilder

3. Stehe auf. Berühre mit dem rechten Ellenbogen das linke Knie und sage hierbei **Bild**, nun berühre mit dem linken Ellenbogen das rechte Knie und sage dabei **Bild**.
Stelle dir hierbei vor, wie das Wort **Bild** geschrieben wird.
Wiederhole dies insgesamt 10mal.

4. Finde das Wort **Bild** und kreise es ein.
Wie oft kommt es vor?

    WildBildbaldBaumBildBirneBildKindBananeBild

5. Das Wort **Bild** kommt auch in anderen Wörtern vor.
Pass**bild**, Öl**bild**, Spiegel**bild**
Fallen dir noch mehr Wörter ein?

6. Lies die Sätze laut vor und schreibe sie in dein Wörterbuch, unterstreiche **Bild**:

    Heu**te** ma**len** wir ein **Bild**.
    An der Wand hängt ein schö**nes Bild**.

7. Denke dir zwei weitere Sätze aus, in denen das Wort **Bild** vorkommt und schreibe sie in dein Wörterbuch.

8. Gestalte die rechte Seite des Wörterbuches mit einem Bild, welches das Wort **Bild** mindestens 5mal enthält.

3. Geld

1. Das Wort **Geld** ist ein Nomen, deshalb wird es immer groß geschrieben. Nomen erkennt man daran, dass sie einen Begleiter haben: das **Geld**
   - Achte darauf, wie das „e" in **Geld** gesprochen wird. Sage mehrmals **Geld, Geld, Geld**.
   - Um zu erkennen, dass **Geld** am Ende mit einem d geschrieben wird, kann man das Wort verlängern, indem man die Mehrzahl bildet: die **Geld**er

   Nun kann man das d am Ende gut hören.

2. Schreibe **Geld** in die Überschrift deines Wörterbuchs
   Schreibe darunter: das **Geld**
                  die Gelder

3. Stehe auf. Fasse mit der rechten Hand hinter dem Rücken deinen linken Fuß und sage dabei **Geld**. Stelle dir dabei vor, wie das Wort geschrieben wird.
   Fasse nun mit der linken Hand hinter dem Rücken deinen rechten Fuß und sage dabei **Geld**. Stell dir dabei vor, wie das Wort geschrieben wird.
   Wiederhole dies insgesamt 10mal.

4. Finde das Wort **Geld** und kreise es ein.
   Wie oft kommt es vor?

   GoldGeldgelbGartenGeldGartenHeldGeldWelt

5. Das Wort **Geld** kommt auch in anderen Wörtern vor.
   Geldstück, Spiel**geld**, **Geld**automat, Taschen**geld**
   Fallen dir noch mehr Wörter ein?

6. Lies die Sätze laut vor und schreibe sie in dein Wörterbuch, unterstreiche **Geld**:

   Wenn man et**was** kauft, be**zahlt** man mit **Geld**.
   Ein neu**es** Au**to** kos**tet** viel **Geld**.

7. Denke dir zwei weitere Sätze aus, in denen das Wort **Geld** vorkommt und schreibe sie in dein Wörterbuch.

8. Gestalte die rechte Seite des Wörterbuches mit einem Bild, welches das Wort **Geld** mindestens 5mal enthält.

4. Kind

1. Das Wort **Kind** ist ein Nomen, deshalb wird es immer groß geschrieben. Nomen erkennt man daran, dass sie einen Begleiter haben: das **Kind**
- Um zu erkennen, dass **Kind** am Ende mit einem d geschrieben wird, kann man das Wort verlängern, indem man die Mehrzahl bildet: die Kinder
Nun kann man das d am Ende gut hören.

2. Schreibe **Kind** in die Überschrift deines Wörterbuchs
   Schreibe darunter: das **Kind**
   die **Kind**er

3. Steh auf. Male mit der rechten Hand eine 8 in die Luft. Während du malst, sage laut **Kind**. Stelle dir hierbei vor, wie das Wort **Kind** geschrieben wird.
Wiederhole dies insgesamt 5mal.
Mache die gleiche Übung nun 5mal mit der linken Hand.

4. Finde das Wort **Kind** und kreise es ein.
Wie oft kommt es vor?

   KunstKindKaterRindKindHundKindBild

5. Das Wort **Kind** kommt auch in anderen Wörtern vor.
Kinderfest, **Kind**heit, Enkel**kind**, Klein**kind**
Fallen dir noch mehr Wörter ein?

6. Lies die Sätze laut vor und schreibe sie in dein Wörterbuch, unterstreiche **Kind**:

   Das **Kind** spielt im Sand.
   Die meis**ten** Kin**der** es**sen** ger**ne** Eis.

7. Denke dir zwei weitere Sätze aus, in denen das Wort **Kind** vorkommt und schreibe sie in dein Wörterbuch.

8. Gestalte die rechte Seite des Wörterbuches mit einem Bild, welches das Wort **Kind** mindestens 5mal enthält.

5. Hund

1. Das Wort **Hund** ist ein Nomen, deshalb wird es immer groß geschrieben. Nomen erkennt man daran, dass sie einen Begleiter haben: der **Hund**
   - Um zu erkennen, dass **Hund** am Ende mit einem d geschrieben wird, kann man das Wort verlängern, indem man die Mehrzahl bildet: die Hunde
   Nun kann man das d am Ende gut hören.

2. Schreibe **Hund** in die Überschrift deines Wörterbuchs
   Schreibe darunter: der **Hund**
                       die Hunde

3. Stehe auf. Berühre mit dem rechten Ellenbogen das linke Knie und sage hierbei **Hund**, nun berühre mit dem linken Ellenbogen das rechte Knie und sage dabei **Hund**.
   Stelle dir hierbei vor, wie das Wort **Hund** geschrieben wird.
   Wiederhole dies insgesamt 10mal.

4. Finde das Wort **Hund** und kreise es ein.
   Wie oft kommt es vor?

   MundHundrundHandHundHosebuntHund

5. Das Wort **Hund** kommt auch in anderen Wörtern vor.
   Hundekorb, See**hund**, **Hund**eleine, Hof**hund**, Blinden**hund**
   Fallen dir noch mehr Wörter ein?

6. Lies die Sätze laut vor und schreibe sie in dein Wörterbuch, unterstreiche **Hund**:

   An**na** hat ei**nen Hund**.
   Der brau**ne Hund** ist ihr bes**ter** Freund.

7. Denke dir zwei weitere Sätze aus, in denen das Wort **Hund** vorkommt und schreibe sie in dein Wörterbuch.

8. Gestalte die rechte Seite des Wörterbuches mit einem Bild, welches das Wort **Hund** mindestens 5mal enthält.

6. Hand

1. Das Wort **Hand** ist ein Nomen, deshalb wird es immer groß geschrieben. Nomen erkennt man daran, dass sie einen Begleiter haben: die **Hand**
   - Um zu erkennen, dass **Hand** am Ende mit einem d geschrieben wird, kann man das Wort verlängern, indem man die Mehrzahl bildet: die Hände
   Nun kann man das d am Ende gut hören.
   - Beim Wort Hände kannst du nicht hören, ob man dieses Wort mit „ä" oder mit „e" schreibt. Aber du weißt, dass es sich vom Wort **Hand** ableitet, daher wird es mit „ä" geschrieben.

2. Schreibe **Hand** in die Überschrift deines Wörterbuchs
   Schreibe darunter: die **Hand**
   die Hände

3. Stehe auf. Fasse mit der rechten Hand hinter dem Rücken deinen linken Fuß und sage dabei **Hand**. Stelle dir dabei vor, wie das Wort geschrieben wird.
   Fasse nun mit der linken Hand hinter dem Rücken deinen rechten Fuß und sage dabei **Hand**. Stell dir dabei vor, wie das Wort geschrieben wird.
   Wiederhole dies insgesamt 10mal.

4. Finde das Wort **Hand** und kreise es ein.
   Wie oft kommt es vor?

   WandHandHundHerrHandHausHandHerd

5. Das Wort **Hand** kommt auch in anderen Wörtern vor.
   Handschuh, **Hand**gelenk, **Hand**werker
   Fallen dir noch mehr Wörter ein?

6. Lies die Sätze laut vor und schreibe sie in dein Wörterbuch, unterstreiche **Hand**:

   Ich neh**me** ei**nen** Stein in die Hand.
   Mei**ne** Hand ist ganz schmut**zig**.

7. Denke dir zwei weitere Sätze aus, in denen das Wort **Hand** vorkommt und schreibe sie in dein Wörterbuch.

8. Gestalte die rechte Seite des Wörterbuches mit einem Bild, welches das Wort **Hand** mindestens 5mal enthält.

7. Ende

1. Das Wort **Ende** ist ein Nomen, deshalb wird es immer groß geschrieben. Nomen erkennt man daran, dass sie einen Begleiter haben: das **Ende**
- Achte darauf, wie das „e" am Anfang und am Ende des Wortes ausgesprochen wird. Sage mehrmals laut: **Ende, Ende, Ende.**

2. Schreibe **Ende** in die Überschrift deines Wörterbuchs
   Schreibe darunter: das **Ende**

3. Steh auf. Male mit der rechten Hand eine 8 in die Luft. Während du malst, sage laut **En-de**. Stelle dir hierbei vor, wie das Wort **Ende** geschrieben wird.
   Wiederhole dies insgesamt 5mal.
   Mache die gleiche Übung nun 5mal mit der linken Hand.

4. Finde das Wort **Ende** und kreise es ein.
   Wie oft kommt es vor?

   EnteEndeendlichWendeErdeEndeElfeEndeBeutel

5. Lies die Sätze laut vor und schreibe sie in dein Wörterbuch, unterstreiche **Ende**:

   Ich freue mich, dass die Schule zu Ende ist.
   Im Musikunterricht singen wir am Ende immer ein Lied.

6. Denke dir zwei weitere Sätze aus, in denen das Wort **Ende** vorkommt und schreibe sie in dein Wörterbuch.

7. Gestalte die rechte Seite des Wörterbuches mit einem Bild, welches das Wort **Ende** mindestens 5mal enthält.

8. Tag

1. Das Wort **Tag** ist ein Nomen, deshalb wird es immer groß geschrieben. Nomen erkennt man daran, dass sie einen Begleiter haben: der **Tag**
- Um zu erkennen, dass **Tag** am Ende mit einem g geschrieben wird, kann man das Wort verlängern, indem man die Mehrzahl bildet: die Tage
Nun kann man das g am Ende gut hören.

2. Schreibe **Tag** in die Überschrift deines Wörterbuchs
   Schreibe darunter: der **Tag**
                        die Tage

3. Stehe auf. Berühre mit dem rechten Ellenbogen das linke Knie und sage hierbei **Tag**, nun berühre mit dem linken Ellenbogen das rechte Knie und sage dabei **Tag**.
   Stelle dir hierbei vor, wie das Wort **Tag** geschrieben wird.
   Wiederhole dies insgesamt 10mal.

4. Finde das Wort **Tag** und kreise es ein.
   Wie oft kommt es vor?

   WaldTagHoseTanteTagTasseSargTagTonne

5. Das Wort **Tag** kommt auch in anderen Wörtern vor.
   Wochen**tag**, **Tag**traum, Ferien**tag**
   Fallen dir noch mehr Wörter ein?

6. Lies die Sätze laut vor und schreibe sie in dein Wörterbuch, unterstreiche **Tag**:

   Mor**gen** wird ein gu**ter** **Tag**.
   Der Mo**nat** Mai hat 31 Ta**ge**.

7. Denke dir zwei weitere Sätze aus, in denen das Wort **Tag** vorkommt und schreibe sie in dein Wörterbuch.

8. Gestalte die rechte Seite des Wörterbuches mit einem Bild, welches das Wort **Tag** mindestens 5mal enthält.

9. Rad

1. Das Wort **Rad** ist ein Nomen, deshalb wird es immer groß geschrieben. Nomen erkennt man daran, dass sie einen Begleiter haben: das **Rad**
- Um zu erkennen, dass **Rad** am Ende mit einem d geschrieben wird, kann man das Wort verlängern, indem man die Mehrzahl bildet: die Räder
Nun kann man das d am Ende gut hören.

2. Schreibe **Rad** in die Überschrift deines Wörterbuchs
   Schreibe darunter: das **Rad**
   die Räder

3. Stehe auf. Fasse mit der rechten Hand hinter dem Rücken deinen linken Fuß und sage dabei **Rad**. Stelle dir dabei vor, wie das Wort geschrieben wird.
   Fasse nun mit der linken Hand hinter dem Rücken deinen rechten Fuß und sage dabei **Rad**. Stell dir dabei vor, wie das Wort geschrieben wird.
   Wiederhole dies insgesamt 10mal.

4. Finde das Wort **Rad** und kreise es ein.
   Wie oft kommt es vor?

   TatRadrotRindRadrundRadRasenrotRadrundRate

5. Das Wort **Rad** kommt auch in anderen Wörtern vor.
   Fahr**rad**, **Rad**weg, Lenk**rad**, Zahn**rad**
   Fallen dir noch mehr Wörter ein?

6. Lies die Sätze laut vor und schreibe sie in dein Wörterbuch, unterstreiche **Rad**:

   Das **Rad** ist rund.
   Ich fah**re** ger**ne** mit mei**nem Rad**.

7. Denke dir zwei weitere Sätze aus, in denen das Wort **Rad** vorkommt und schreibe sie in dein Wörterbuch.

8. Gestalte die rechte Seite des Wörterbuches mit einem Bild, welches das Wort **Rad** mindestens 5mal enthält.

10. Schule

1. Das Wort **Schule** ist ein Nomen, deshalb wird es immer groß geschrieben. Nomen erkennt man daran, dass sie einen Begleiter haben: die **Schule**
- Achte darauf, wie das „e" am Ende des Wortes ausgesprochen wird.

2. Schreibe **Schule** in die Überschrift deines Wörterbuchs
   Schreibe darunter: die **Schule**

3. Steh auf. Male mit der rechten Hand eine 8 in die Luft. Während du malst, sage laut **Schu-le**. Stelle dir hierbei vor, wie das Wort **Schule** geschrieben wird.
   Wiederhole dies insgesamt 5mal.
   Mache die gleiche Übung nun 5mal mit der linken Hand.

4. Finde das Wort **Schule** und kreise es ein.
   Wie oft kommt es vor?

   SchafSchuleSchaleSchalSchuleGeschenkSchuleSonne

5. Das Wort **Schule** kommt auch in anderen Wörtern vor.
   Grund**schule**, Baum**schule**, Tanz**schule**
   Fallen dir noch mehr Wörter ein?

6. Lies die Sätze laut vor und schreibe sie in dein Wörterbuch, unterstreiche **Schule**:

   Die Schu**le** be**ginnt** um 8 Uhr.
   Die Kin**der** ler**nen** in der Schu**le**.

7. Denke dir zwei weitere Sätze aus, in denen das Wort **Schule** vorkommt und schreibe sie in dein Wörterbuch.

8. Gestalte die rechte Seite des Wörterbuches mit einem Bild, welches das Wort **Schule** mindestens 5mal enthält.

11. Burg

1. Das Wort **Burg** ist ein Nomen, deshalb wird es immer groß geschrieben. Nomen erkennt man daran, dass sie einen Begleiter haben: die **Burg**
- Um zu erkennen, dass **Burg** am Ende mit einem g geschrieben wird, kann man das Wort verlängern, indem man die Mehrzahl bildet: die Burgen
Nun kann man das g am Ende gut hören.

2. Schreibe **Burg** in die Überschrift deines Wörterbuchs
   Schreibe darunter: die **Burg**
                        die Burgen

3. Stehe auf. Berühre mit dem rechten Ellenbogen das linke Knie und sage hierbei **Burg**, nun berühre mit dem linken Ellenbogen das rechte Knie und sage dabei **Burg**.
   Stelle dir hierbei vor, wie das Wort **Burg** geschrieben wird.
   Wiederhole dies insgesamt 10mal.

4. Finde das Wort **Burg** und kreise es ein.
   Wie oft kommt es vor?

   BergBurgbaldBildBurgBananeBaggerBurgbravBurg

5. Das Wort **Burg** kommt auch in anderen Wörtern vor.
   Ritter**burg**, **Burg**graben, **Burg**tor
   Fallen dir noch mehr Wörter ein?

6. Lies die Sätze laut vor und schreibe sie in dein Wörterbuch, unterstreiche **Burg**:

   Die Ri**tt**er leb**ten** auf ei**ner Burg**.
   Mor**gen** be**su**chen wir ei**ne** alte **Burg**.

7. Denke dir zwei weitere Sätze aus, in denen das Wort **Burg** vorkommt und schreibe sie in dein Wörterbuch.

8. Gestalte die rechte Seite des Wörterbuches mit einem Bild, welches das Wort **Burg** mindestens 5mal enthält.

12. Weg

1. Das Wort **Weg** ist ein Nomen, deshalb wird es immer groß geschrieben. Nomen erkennt man daran, dass sie einen Begleiter haben: der **Weg**
- Um zu erkennen, dass **Weg** am Ende mit einem g geschrieben wird, kann man das Wort verlängern, indem man die Mehrzahl bildet: die Wege
Nun kann man das g am Ende gut hören.

2. Schreibe **Weg** in die Überschrift deines Wörterbuchs
   Schreibe darunter: der **Weg**
   die Wege

3. Stehe auf. Fasse mit der rechten Hand hinter dem Rücken deinen linken Fuß und sage dabei **Weg**. Stelle dir dabei vor, wie das Wort geschrieben wird.
   Fasse nun mit der linken Hand hinter dem Rücken deinen rechten Fuß und sage dabei **Weg**. Stell dir dabei vor, wie das Wort geschrieben wird.
   Wiederhole dies insgesamt 10mal.

4. Finde das Wort **Weg** und kreise es ein.
   Wie oft kommt es vor?

   WertWaldWegWitzWortWegWieseWegWiegeWegwarm

5. Das Wort **Weg** kommt auch in anderen Wörtern vor.
   Geh**weg**, Rad**weg**, Fuß**weg**, Wald**weg**
   Fallen dir noch mehr Wörter ein?

6. Lies die Sätze laut vor und schreibe sie in dein Wörterbuch, unterstreiche **Weg**:

   Durch den Wald führt ein schma**ler Weg**.
   Ich fah**re** im**mer** auf dem **Weg**.

7. Denke dir zwei weitere Sätze aus, in denen das Wort **Weg** vorkommt und schreibe sie in dein Wörterbuch.

8. Gestalte die rechte Seite des Wörterbuches mit einem Bild, welches das Wort **Weg** mindestens 5mal enthält.

13. Vogel

1. Das Wort **Vogel** ist ein Nomen, deshalb wird es immer groß geschrieben. Nomen erkennt man daran, dass sie einen Begleiter haben: der **Vogel**
- Man muss sich merken, dass der erste Buchstabe von **Vogel** ein V ist. Hierzu kann man sich merken, dass das V wie die beiden Flügel eines Vogels aussehen.

2. Schreibe **Vogel** in die Überschrift deines Wörterbuchs
   Schreibe darunter: der **Vogel**
   die **Vögel**

3. Steh auf. Male mit der rechten Hand eine 8 in die Luft. Während du malst, sage laut **Vo-gel**. Stelle dir hierbei vor, wie das Wort **Vogel** geschrieben wird.
   Wiederhole dies insgesamt 5mal.
   Mache die gleiche Übung nun 5mal mit der linken Hand.

4. Finde das Wort **Vogel** und kreise es ein.
   Wie oft kommt es vor?

   VaterVogelFederFehlerVogelvieleVogelHügel

5. Das Wort **Vogel** kommt auch in anderen Wörtern vor.
   Vogelfeder, Wald**vogel**, Zug**vogel**, **Vogel**nest, **Vogel**käfig
   Fallen dir noch mehr Wörter ein?

6. Lies die Sätze laut vor und schreibe sie in dein Wörterbuch, unterstreiche **Vogel**:

   Der Vo**gel** baut ein Nest im Baum.
   Im Wald piepst ein klei**ner** Vo**gel**.

7. Denke dir zwei weitere Sätze aus, in denen das Wort **Vogel** vorkommt und schreibe sie in dein Wörterbuch.

8. Gestalte die rechte Seite des Wörterbuches mit einem Bild, welches das Wort **Vogel** mindestens 5mal enthält.

14. Vase

1. Das Wort **Vase** ist ein Nomen, deshalb wird es immer groß geschrieben. Nomen erkennt man daran, dass sie einen Begleiter haben: die **Vase**
   - Das „V" in **Vase** wird wie ein „w" gesprochen. Du musst dir merken, dass Vase mit „V" geschrieben wird, du kannst es nicht hören.
   - Du kannst es dir so merken: Das „V" in **Vase** sieht aus wie eine spitze **Vase**, in die man etwas einfüllen kann.
   - Achte darauf, wie das „e" am Ende des Wortes ausgesprochen wird.

2. Schreibe **Vase** in die Überschrift deines Wörterbuchs
   Schreibe darunter: die **Vase**

3. Stehe auf. Berühre mit dem rechten Ellenbogen das linke Knie und sage hierbei **Va-se**, nun berühre mit dem linken Ellenbogen das rechte Knie und sage dabei **Va-se**.
   Stelle dir hierbei vor, wie das Wort **Vase** geschrieben wird.
   Wiederhole dies insgesamt 10mal.

4. Finde das Wort **Vase** und kreise es ein.
   Wie oft kommt es vor?

   WaldVaseVulkanwildWurstVasevieleVaseNaseVaseHase

5. Das Wort **Vase** kommt auch in anderen Wörtern vor.
   Blumen**vase**, Boden**vase**, Glas**vase**
   Fallen dir noch mehr Wörter ein?

6. Lies die Sätze laut vor und schreibe sie in dein Wörterbuch, unterstreiche **Vase**:

   Ich stel**le** die Blu**men** in ei**ne** Va**se**.
   Ich schen**ke** mei**ner** **Oma** zum Ge**burts**tag eine schö**ne** Va**se**.

7. Denke dir zwei weitere Sätze aus, in denen das Wort **Vase** vorkommt und schreibe sie in dein Wörterbuch.

8. Gestalte die rechte Seite des Wörterbuches mit einem Bild, welches das Wort **Vase** mindestens 5mal enthält.

15. Vulkan

1. Das Wort **Vulkan** ist ein Nomen, deshalb wird es immer groß geschrieben. Nomen erkennt man daran, dass sie einen Begleiter haben: der **Vulkan**
   - Das „V" in **Vulkan** wird wie ein „w" gesprochen. Du musst dir merken, dass **Vulkan** mit „V" geschrieben wird, du kannst es nicht hören.
   - Du kannst es dir so merken: Das „V" in **Vulkan** sieht aus wie die Form eines **Vulkan**s.

2. Schreibe **Vulkan** in die Überschrift deines Wörterbuchs
   Schreibe darunter: der **Vulkan**

3. Stehe auf. Fasse mit der rechten Hand hinter dem Rücken deinen linken Fuß und sage dabei **Vulkan**. Stelle dir dabei vor, wie das Wort **Vulkan** geschrieben wird.
   Fasse nun mit der linken Hand hinter dem Rücken deinen rechten Fuß und sage dabei **Vulkan**. Stell dir dabei vor, wie das Wort **Vulkan** geschrieben wird.
   Wiederhole dies insgesamt 10mal.

4. Finde das Wort **Vulkan** und kreise es ein.
   Wie oft kommt es vor?

   VaterVulkanWolkeWieseVulkanVaseverkaufenVulkanWurst

5. Das Wort **Vulkan** kommt auch in anderen Wörtern vor.
   Vulkanausbruch, **Vulkan**krater, **Vulkan**gestein
   Fallen dir noch mehr Wörter ein?

6. Lies die Sätze laut vor und schreibe sie in dein Wörterbuch, unterstreiche **Vulkan**:

   Wenn ein Vul**kan** aus**bricht**, kann es ge**fähr**lich sein.
   Aus dem Vul**kan** strömt hei**ße** La**va**.

7. Denke dir zwei weitere Sätze aus, in denen das Wort **Vulkan** vorkommt und schreibe sie in dein Wörterbuch.

8. Gestalte die rechte Seite des Wörterbuches mit einem Bild, welches das Wort **Vulkan** mindestens 5mal enthält.

16. Vater

1. Das Wort **Vater** ist ein Nomen, deshalb wird es immer groß geschrieben. Nomen erkennt man daran, dass sie einen Begleiter haben: der **Vater**
   - Das „V" in **Vater** wird wie ein „f" gesprochen. Du musst dir merken, dass **Vater** mit „V" geschrieben wird, du kannst es nicht hören.
   - Du kannst es dir so merken: Der **Vater** hat zwei Arme, die er ausbreitet um dich zu umarmen, so wie die beiden Striche des „V"
   - Das „er" am Ende kannst du nicht gut hören, du musst es dir merken ! Du musst das Wort genau aussprechen, um das „er" zu hören. Sprich: Va - ter

2. Schreibe **Vater** in die Überschrift deines Wörterbuchs
   Schreibe darunter: der **Vater**

3. Steh auf. Male mit der rechten Hand eine 8 in die Luft. Während du malst, sage laut **Va-ter**. Stelle dir hierbei vor, wie das Wort **Vater** geschrieben wird.
   Wiederhole dies insgesamt 5mal.
   Mache die gleiche Übung nun 5mal mit der linken Hand.

4. Finde das Wort **Vater** und kreise es ein.
   Wie oft kommt es vor?

   VogelVaterVulkanVaseVaterKaterKraterVatervieleVaterFamilie

5. Das Wort **Vater** kommt auch in anderen Wörtern vor.
   Groß**vater**, Stief**vater**, **Vater**tag
   Fallen dir noch mehr Wörter ein?

6. Lies die Sätze laut vor und schreibe sie in dein Wörterbuch, unterstreiche **Vater**:

   Ich spie**le** mit mei**nem** Va**ter** Fuß**ball**.
   Mein Va**ter** sam**melt** Brief**mar**ken.

7. Denke dir zwei weitere Sätze aus, in denen das Wort **Vater** vorkommt und schreibe sie in dein Wörterbuch.

8. Gestalte die rechte Seite des Wörterbuches mit einem Bild, welches das Wort **Vater** mindestens 5mal enthält.

17. Klasse

1. Das Wort **Klasse** ist ein Nomen, deshalb wird es immer groß geschrieben.
   Nomen erkennt man daran, dass sie einen Begleiter haben: die **Klasse**
   - Das Wort **Klasse** wird in der Mitte mit zwei „ss" geschrieben. Warum? Wie kannst du dir das merken?
   - Die Buchstaben **a, e, i, o, u** nennt man **Vokale** oder Selbstlaute, die anderen Buchstaben heißen Konsonanten oder Mitlaute. Vokale können in einem Wort kurz oder lang gesprochen werden. Probiere es einmal aus:
     - Sag laut aaaaaaaaaaa, und jetzt a - a - a - a - a - a - a
     - eeeeeeeeeee, und jetzt e - e - e - e - e - e - e
     - iiiiiiiiiiiiiiiiiiiiii, und jetzt i - i - i - i - i - i - i - i
     - ooooooooooo, und jetzt o - o - o - o - o - o - o
     - uuuuuuuuuuu, und jetzt u - u - u - u - u - u - u
     - Nach einem kurzen Vokal folgen immer **zwei** Konsonanten! Das „a" in Klasse wird kurz gesprochen, daher werden danach **zwei** „s" geschrieben.
     - Sage laut: „**Klasse**" und zum Vergleich „Nase", hier ist das „a" lang. Kannst du das heraushören?
     - Sprich die beiden Wörter mehrfach laut aus, bis du den Unterschied hörst.
     - **Klasse** - Nase - **Klasse** - Nase - **Klasse** - Nase - **Klasse** - Nase - **Klasse** - Nase - **Klasse**
     - Achte darauf, wie das „e" am Ende des Wortes ausgesprochen wird.

2. Schreibe **Klasse** in die Überschrift deines Wörterbuchs
   Schreibe darunter: die **Klasse**
   Unterstreiche die beiden „ss" in der Mitte.

3. Stehe auf. Berühre mit dem rechten Ellenbogen das linke Knie und sage hierbei **Klas-se**, nun berühre mit dem linken Ellenbogen das rechte Knie und sage dabei **Klas-se**.
   Stelle dir hierbei vor, wie das Wort **Klasse** geschrieben wird. Wiederhole dies 10mal.

4. Finde das Wort **Klasse** und kreise es ein.
   Wie oft kommt es vor?

   KlasseTasseNaseKasseKlasselassenKlasseKlavier

5. Das Wort **Klasse** kommt auch in anderen Wörtern vor.
   Schul**klasse**, **Klasse**nzimmer, Alters**klasse**
   Fallen dir noch mehr Wörter ein?

6. Lies die Sätze laut vor und schreibe sie in dein Wörterbuch, unterstreiche **Klasse**:

   In mei**ner** Klas**se** sind 25 Kin**der**.
   Die Leh**rer**in kommt in die Klas**se**.

7. Denke dir zwei weitere Sätze aus, in denen das Wort **Klasse** vorkommt und schreibe sie in dein Wörterbuch.

8. Gestalte die untere Seite des Wörterbuches mit einem Bild, welches das Wort Klasse mindestens 5mal enthält.

18. Wetter

1. Das Wort **Wetter** ist ein Nomen, deshalb wird es immer groß geschrieben. Nomen erkennt man daran, dass sie einen Begleiter haben: das **Wetter**
   - Das Wort **Wetter** wird in der Mitte mit zwei „tt" geschrieben.
   - Du hast gelernt, dass nach einem kurzen Vokal immer **zwei** Konsonanten folgen.
   - Das „e" in **Wetter** wird kurz gesprochen. Probiere es aus! Sage mehrmals laut **Wetter, Wetter, Wetter**. Hörst du, dass das „e" kurz gesprochen wird?
   - Sage nun laut abwechselnd **Wetter** – Wesen - **Wetter** - Wesen - **Wetter** - Wesen - **Wetter**
   - Hörst du den Unterschied? Im Wort **Wetter** wird das „e" kurz gesprochen, im Wort Wesen lang.
   - Das „er" am Ende des Wortes **Wetter** kannst du nicht gut hören, du musst es dir merken ! Du musst das Wort genau aussprechen, um das „er" zu hören. Sage laut: **Wet-ter**

2. Schreibe **Wetter** in die Überschrift deines Wörterbuchs
   Schreibe darunter: das **Wetter**

3. Stehe auf. Fasse mit der rechten Hand hinter dem Rücken deinen linken Fuß und sage dabei **Wetter**. Stelle dir dabei vor, wie das Wort **Wetter** geschrieben wird.
   Fasse nun mit der linken Hand hinter dem Rücken deinen rechten Fuß und sage dabei **Wetter**. Stell dir dabei vor, wie das Wort **Wetter** geschrieben wird.
   Wiederhole dies insgesamt 10mal.

4. Finde das Wort **Wetter** und kreise es ein.
   Wie oft kommt es vor?

   WasserWetterwiederWetterWurstnettfettWetterWellen

5. Das Wort **Wetter** kommt auch in anderen Wörtern vor.
   Wetterkarte, **Wetter**bericht, Regen**wetter**, Sommer**wetter**
   Fallen dir noch mehr Wörter ein?

6. Lies die Sätze laut vor und schreibe sie in dein Wörterbuch, unterstreiche **Wetter**:

   Heu**te** ist schö**nes** Wet**ter**.
   Ich weiß nicht, wie das Wet**ter** mor**gen** sein wird.

7. Denke dir zwei weitere Sätze aus, in denen das Wort **Wetter** vorkommt und schreibe sie in dein Wörterbuch.

8. Gestalte die rechte Seite des Wörterbuches mit einem Bild, welches das Wort **Wetter** mindestens 5mal enthält.

19. Wasser

1. Das Wort **Wasser** ist ein Nomen, deshalb wird es immer groß geschrieben. Nomen erkennt man daran, dass sie einen Begleiter haben: das **Wasser**
   - Das Wort **Wasser** wird in der Mitte mit zwei „ss" geschrieben.
   - Du hast gelernt, dass nach einem kurzen Vokal immer **zwei** Konsonanten folgen.
   - Das „a" in **Wasser** wird kurz gesprochen. Probier es aus! Sage mehrmals laut **Wasser**, **Wasser**, **Wasser**. Hörst du, dass das „a" kurz gesprochen wird?
   - Sage nun laut abwechselnd **Wasser** - Rasen - **Wasser** - Rasen - **Wasser** - Rasen - **Wasser**
   - Hörst du den Unterschied? Im Wort **Wasser** wird das „a" kurz gesprochen, im Wort Rasen lang.
   - Das „er" am Ende des Wortes **Wasser** kannst du nicht gut hören, du musst es dir merken! Du musst das Wort genau aussprechen, um das „er" zu hören. Sage: **Was-ser**

2. Schreibe **Wasser** in die Überschrift deines Wörterbuchs
   Schreibe darunter: das **Wasser**

3. Steh auf. Male mit der rechten Hand eine 8 in die Luft. Während du malst, sage laut **Was-ser**. Stelle dir hierbei vor, wie das Wort **Wasser** geschrieben wird.
   Wiederhole dies insgesamt 5mal.
   Mache die gleiche Übung nun 5mal mit der linken Hand.

4. Finde das Wort **Wasser** und kreise es ein.
   Wie oft kommt es vor?

   WetterWunderWasserwarmweichWellenWasserwiederWasserwollen

5. Das Wort **Wasser** kommt auch in anderen Wörtern vor.
   Regen**wasser**, **Wasser**flasche, **Wasser**mann, Sprudel**wasser**, **Wasser**hahn
   Fallen dir noch mehr Wörter ein?

6. Lies die Sätze laut vor und schreibe sie in dein Wörterbuch, unterstreiche **Wasser**:

   Das Wa**ss**er schmeckt gut.
   Ich spie**le** ger**ne** am Wa**ss**er.

7. Denke dir zwei weitere Sätze aus, in denen das Wort **Wasser** vorkommt und schreibe sie in dein Wörterbuch.

8. Gestalte die rechte Seite des Wörterbuches mit einem Bild, welches das Wort **Wasser** mindestens 5mal enthält.

20. Tasse

1. Das Wort **Tasse** ist ein Nomen, deshalb wird es immer groß geschrieben. Nomen erkennt man daran, dass sie einen Begleiter haben: die **Tasse**
   - Das Wort **Tasse** wird in der Mitte mit zwei „ss" geschrieben.
   - Du hast gelernt, dass nach einem kurzen Vokal immer **zwei** Konsonanten folgen.
   - Das „a" in **Tasse** wird kurz gesprochen. Probier es aus! Sage mehrmals laut **Tasse**, **Tasse, Tasse** . Hörst du, dass das „a" kurz gesprochen wird?
   - Sage nun laut abwechselnd **Tasse** - Vase - **Tasse** - Vase - **Tasse** - Vase - **Tasse**
   - Hörst du den Unterschied? Im Wort **Tasse** wird das „a" kurz gesprochen, im Wort Vase lang.
   - Achte darauf, wie das „e" am Ende des Wortes ausgesprochen wird.

2. Schreibe **Tasse** in die Überschrift deines Wörterbuchs
   Schreibe darunter: die **Tasse**
   Unterstreiche die beiden „ss" in der Mitte.

3. Stehe auf. Berühre mit dem rechten Ellenbogen das linke Knie und sage hierbei **Tas-se**, nun berühre mit dem linken Ellenbogen das rechte Knie und sage dabei **Tas-se**.
   Stelle dir hierbei vor, wie das Wort **Tasse** geschrieben wird.
   Wiederhole dies insgesamt 10mal.

4. Finde das Wort **Tasse** und kreise es ein.
   Wie oft kommt es vor?

   KlasseTassehosehaseTasseTanteTasseTorte

5. Das Wort **Tasse** kommt auch in anderen Wörtern vor.
   Tee**tasse**, Unter**tasse**, Henkel**tasse**, Kaffee**tasse**
   Fallen dir noch mehr Wörter ein?

6. Lies die Sätze laut vor und schreibe sie in dein Wörterbuch, unterstreiche **Tasse**:

   In mei**ner** Ta**sse** ist Milch.
   Die Ta**sse** ist rot.

7. Denke dir zwei weitere Sätze aus, in denen das Wort **Tasse** vorkommt und schreibe sie in dein Wörterbuch.

8. Gestalte die rechte Seite des Wörterbuches mit einem Bild, welches das Wort **Tasse** mindestens 5mal enthält.

21. Stall

1. Das Wort **Stall** ist ein Nomen, deshalb wird es immer groß geschrieben. Nomen erkennt man daran, dass sie einen Begleiter haben: der **Stall**
   - Das „S" in Wörtern mit „St" oder „Sp" am Anfang wird „Sch" gesprochen. Es gibt keine Wörter mit „Scht" oder „Schp" am Anfang, auch wenn Wörter so gesprochen werden. Diese Wörter werden **immer** mit „St" oder „St" geschrieben: **Stall**
   - Das Wort **Stall** wird am Ende mit zwei „ll" geschrieben.
   - Du hast gelernt, dass nach einem kurzen Vokal immer **zwei** Konsonanten folgen.
   - Das „a" in **Stall** wird kurz gesprochen. Probiere es aus! Sage mehrmals laut **Stall, Stall, Stall**. Hörst du, dass das „a" kurz gesprochen wird?
   - Sage nun laut abwechselnd **Stall** - Hase - **Stall** - Hase - **Stall** - Hase - **Stall**
   - Hörst du den Unterschied? Im Wort **Stall** wird das „a" kurz gesprochen, im Wort Hase lang
   - Nomen gibt es in der Einzahl und in der Mehrzahl. Die Mehrzahl von **Stall** heißt Ställe. Du kannst nicht hören, ob man dieses Wort mit „ä" oder mit „e" schreibt. Aber du weißt, dass es sich vom Wort **Stall** ableitet, daher wird es mit „ä" geschrieben.

2. Schreibe **Stall** in die Überschrift deines Wörterbuchs
   Schreibe darunter: der **Stall**
                        die Ställe

3. Stehe auf. Fasse mit der rechten Hand hinter dem Rücken deinen linken Fuß und sage dabei **Stall**. Stelle dir dabei vor, wie das Wort geschrieben wird.
   Fasse nun mit der linken Hand hinter dem Rücken deinen rechten Fuß und sage dabei **Stall**. Stell dir dabei vor, wie das Wort geschrieben wird.
   Wiederhole dies insgesamt 10mal.

4. Finde das Wort **Stall** und kreise es ein.
   Wie oft kommt es vor?

   SternStelleStallstarkStromStallStichstarkStallSturmStelle

5. Das Wort **Stall** kommt auch in anderen Wörtern vor.
   Kuh**stall**, Pferde**stall**, **Stall**tür
   Fallen dir noch mehr Wörter ein?

6. Lies die Sätze laut vor und schreibe sie in dein Wörterbuch, unterstreiche **Stall**:
   Im **Stall** ste**hen** viele Kü**he**.
   Der Bau**er** ar**bei**tet im **Stall**.

7. Denke dir zwei weitere Sätze aus, in denen das Wort **Stall** vorkommt und schreibe sie in dein Wörterbuch.

8. Gestalte die rechte Seite des Wörterbuches mit einem Bild, welches das Wort **Stall** mindestens 5mal enthält.

22. Sonne

1. Das Wort **Sonne** ist ein Nomen, deshalb wird es immer groß geschrieben. Nomen erkennt man daran, dass sie einen Begleiter haben: die **Sonne**
   - Das Wort **Sonne** wird in der Mitte mit zwei „nn" geschrieben.
   - Du hast gelernt, dass nach einem kurzen Vokal immer **zwei** Konsonanten folgen.
   - Das „o" in **Sonne** wird kurz gesprochen. Probier es aus! Sage mehrmals laut **Sonne, Sonne, Sonne**. Hörst du, dass das „o" kurz gesprochen wird?
   - Sage nun laut abwechselnd **Sonne** - Hose - **Sonne** - Hose - **Sonne** - Hose - **Sonne**
   - Hörst du den Unterschied? Im Wort **Sonne** wird das „o" kurz gesprochen, im Wort Hose lang. Du kannst das „o" in Hose ganz lange sprechen - probier es einmal aus und sage Hooooooooooose. Man kann das Wort trotzdem noch gut erkennen. Nun probiere das „o" in **Sonne** lang zu sprechen.
   - Achte darauf, wie das „e" am Ende des Wortes ausgesprochen wird.

2. Schreibe **Sonne** in die Überschrift deines Wörterbuchs
   Schreibe darunter: die **Sonne**

3. Steh auf. Male mit der rechten Hand eine 8 in die Luft. Während du malst, sage laut **Son-ne**. Stelle dir hierbei vor, wie das Wort **Sonne** geschrieben wird.
   Wiederhole dies insgesamt 5mal.
   Mache die gleiche Übung nun 5mal mit der linken Hand.

4. Finde das Wort **Sonne** und kreise es ein.
   Wie oft kommt es vor?

   Samen SonneTonneSegelSonneWonnesuperSonneSieger

5. Das Wort **Sonne** kommt auch in anderen Wörtern vor.
   Sommer**sonne**, **Sonne**nschirm, **Sonne**nstrahlen, **Sonne**nblume, **Sonne**nschein
   Fallen dir noch mehr Wörter ein?

6. Lies die Sätze laut vor und schreibe sie in dein Wörterbuch, unterstreiche **Sonne**:

   Im Som**mer** scheint die Son**ne**.
   In der Son**ne** ist es warm.

7. Denke dir zwei weitere Sätze aus, in denen das Wort **Sonne** vorkommt und schreibe sie in dein Wörterbuch.

8. Gestalte die rechte Seite des Wörterbuches mit einem Bild, welches das Wort **Sonne** mindestens 5mal enthält.

23. Blatt

1. Das Wort **Blatt** ist ein Nomen, deshalb wird es immer groß geschrieben. Nomen erkennt man daran, dass sie einen Begleiter haben: das **Blatt**
   - Das Wort **Blatt** wird am Ende mit zwei „tt" geschrieben.
   - Du hast gelernt, dass nach einem kurzen Vokal immer **zwei** Konsonanten folgen.
   - Das „a" in **Blatt** wird kurz gesprochen. Probier es aus! Sage mehrmals laut **Blatt**, **Blatt**, **Blatt**. Hörst du, dass das „a" kurz gesprochen wird?
   - Sage nun laut abwechselnd **Blatt** - Blase - **Blatt** - Blase - **Blatt** - Blase - **Blatt**
   - Hörst du den Unterschied? Im Wort **Blatt** wird das „a" kurz gesprochen, im Wort Blase lang.
   - Nomen gibt es in der Einzahl und in der Mehrzahl. Die Mehrzahl von **Blatt** heißt Blätter. Du kannst nicht hören, ob man dieses Wort mit „ä" oder mit „e" schreibt. Aber du weißt, dass es sich vom Wort **Blatt** ableitet, daher wird es mit „ä" geschrieben.

2. Schreibe **Blatt** in die Überschrift deines Wörterbuchs
   Schreibe darunter: das **Blatt**
                           die Blätter

3. Stehe auf. Berühre mit dem rechten Ellenbogen das linke Knie und sage hierbei **Blatt**, nun berühre mit dem linken Ellenbogen das rechte Knie und sage dabei **Blatt**.
   Stelle dir hierbei vor, wie das Wort **Blatt** geschrieben wird.
   Wiederhole dies insgesamt 10mal.

4. Finde das Wort **Blatt** und kreise es ein.
   Wie oft kommt es vor?

   BluseBlattblauBananeBlattBirneBlattbunt

5. Das Wort **Blatt** kommt auch in anderen Wörtern vor.
   Blüten**blatt**, **Blatt**spitze, Salat**blatt**
   Fallen dir noch mehr Wörter ein?

6. Lies die Sätze laut vor und schreibe sie in dein Wörterbuch, unterstreiche **Blatt**:

   Am Baum hängt ein **Blatt**.
   Ich ma**le** auf ei**nem** bun**ten Blatt**.

7. Denke dir zwei weitere Sätze aus, in denen das Wort **Blatt** vorkommt und schreibe sie in dein Wörterbuch.

8. Gestalte die rechte Seite des Wörterbuches mit einem Bild, welches das Wort **Blatt** mindestens 5mal enthält.

24. Teller

1. Das Wort **Teller** ist ein Nomen, deshalb wird es immer groß geschrieben. Nomen erkennt man daran, dass sie einen Begleiter haben: der **Teller**
   - Das Wort **Teller** wird in der Mitte mit zwei „ll" geschrieben.
   - Du hast gelernt, dass nach einem kurzen Vokal immer **zwei** Konsonanten folgen.
   - Das „e" in **Teller** wird kurz gesprochen. Probiere es aus! Sage mehrmals laut **Teller, Teller, Teller, Teller**. Hörst du, dass das „e" kurz gesprochen wird?
   - Sage nun laut abwechselnd **Teller** - Telefon - **Teller** - Telefon - **Teller** - Telefon - **Teller**
   - Hörst du den Unterschied? Im Wort **Teller** wird das „e" kurz gesprochen, im Wort Telefon lang.
   - Das „er" am Ende des Wortes **Teller** kannst du nicht gut hören, du musst es dir merken! Du musst das Wort genau aussprechen, um das „er" zu hören. Sage laut: **Tel-ler**

2. Schreibe **Teller** in die Überschrift deines Wörterbuchs
   Schreibe darunter: der **Teller**

3. Stehe auf. Fasse mit der rechten Hand hinter dem Rücken deinen linken Fuß und sage dabei **Tel-ler**.
   Fasse nun mit der linken Hand hinter dem Rücken deinen rechten Fuß und sage dabei **Tel-ler**. Stell dir dabei vor, wie das Wort **Teller** geschrieben wird.
   Wiederhole dies insgesamt 10mal.

4. Finde das Wort **Teller** und kreise es ein.
   Wie oft kommt es vor?

   KellerTellerTassetiefTierTellerTomateTellerTisch

5. Das Wort **Teller** kommt auch in anderen Wörtern vor.
   Suppen**teller**, **Teller**rand, Papp**teller**
   Fallen dir noch mehr Wörter ein?

6. Lies die Sätze laut vor und schreibe sie in dein Wörterbuch, unterstreiche **Teller**:

   Das Brot liegt auf dem Te**ll**er.
   Mein Te**ll**er ist schön.

7. Denke dir zwei weitere Sätze aus, in denen das Wort **Teller** vorkommt und schreibe sie in dein Wörterbuch.

8. Gestalte die rechte Seite des Wörterbuches mit einem Bild, welches das Wort **Teller** mindestens 5mal enthält.

25. Himmel

1. Das Wort **Himmel** ist ein Nomen, deshalb wird es immer groß geschrieben. Nomen erkennt man daran, dass sie einen Begleiter haben: der **Himmel**
   - Das Wort **Himmel** wird in der Mitte mit zwei „mm" geschrieben.
   - Du hast gelernt, dass nach einem kurzen Vokal immer **zwei** Konsonanten folgen.
   - Das „i" in **Himmel** wird kurz gesprochen. Probiere es aus! Sage mehrmals laut **Himmel, Himmel, Himmel, Himmel**. Hörst du, dass das „i" kurz gesprochen wird?
   - Sage nun laut abwechselnd **Himmel** - China - **Himmel** - China - **Himmel**
   - Hörst du den Unterschied? Im Wort **Himmel** wird das „i" kurz gesprochen, im Wort China lang.

2. Schreibe **Himmel** in die Überschrift deines Wörterbuchs
   Schreibe darunter: der **Himmel**

3. Steh auf. Male mit der rechten Hand eine 8 in die Luft. Während du malst, sage laut **Himmel**. Stelle dir hierbei vor, wie das Wort **Himmel** geschrieben wird.
   Wiederhole dies insgesamt 5mal.
   Mache die gleiche Übung nun 5mal mit der linken Hand.

4. Finde das Wort **Himmel** und kreise es ein.
   Wie oft kommt es vor?

   HoseHimmelHammelHimmelbimmelnHimmelHund

5. Das Wort **Himmel** kommt auch in anderen Wörtern vor.
   Himmelbett, **Himmel**reich, Nacht**himmel**
   Fallen dir noch mehr Wörter ein?

6. Lies die Sätze laut vor und schreibe sie in dein Wörterbuch, unterstreiche **Himmel**:

   Ich se**he** vie**le** Ster**ne** am Him**mel**.
   Der Him**mel** ist schon ganz dun**kel**.

7. Denke dir zwei weitere Sätze aus, in denen das Wort **Himmel** vorkommt und schreibe sie in dein Wörterbuch.

8. Gestalte die rechte Seite des Wörterbuches mit einem Bild, welches das Wort **Himmel** mindestens 5mal enthält.

26. Schiff

1. Das Wort **Schiff** ist ein Nomen, deshalb wird es immer groß geschrieben. Nomen erkennt man daran, dass sie einen Begleiter haben: das **Schiff**
   - Das Wort **Schiff** wird am Ende mit zwei „ff" geschrieben.
   - Du hast gelernt, dass nach einem kurzen Vokal immer **zwei** Konsonanten folgen.
   - Das „i" in **Schiff** wird kurz gesprochen. Probiere es aus! Sage mehrmals laut **Schiff, Schiff, Schiff**. Hörst du, dass das „i" kurz gesprochen wird?
   - Sage nun laut abwechselnd **Schiff** - Pirat - **Schiff** - Pirat - **Schiff** - Pirat - **Schiff**
   - Hörst du den Unterschied? Im Wort **Schiff** wird das „i" kurz gesprochen, im Wort Pirat lang

2. Schreibe **Schiff** in die Überschrift deines Wörterbuchs
   Schreibe darunter: das **Schiff**
                   die **Schiffe**

3. Stehe auf. Berühre mit dem rechten Ellenbogen das linke Knie und sage hierbei **Schiff**, nun berühre mit dem linken Ellenbogen das rechte Knie und sage dabei **Schiff**.
   Stelle dir hierbei vor, wie das Wort **Schiff** geschrieben wird.
   Wiederhole dies insgesamt 10mal.

4. Finde das Wort **Schiff** und kreise es ein.
   Wie oft kommt es vor?

   SchafSchiffFischSchilfSchiffSchliffschönSchiffSonne

5. Das Wort **Schiff** kommt auch in anderen Wörtern vor.
   Segel**schiff**, **Schiff**smotor, **Schiff**skoch, Raum**schiff**
   Fallen dir noch mehr Wörter ein?

6. Lies die Sätze laut vor und schreibe sie in dein Wörterbuch, unterstreiche **Schiff**:

   Wir fah**ren** mit dem **Schiff**.
   Der Ka**pi**tän steu**ert** das **Schiff**.

7. Denke dir zwei weitere Sätze aus, in denen das Wort **Schiff** vorkommt und schreibe sie in Dein Wörterbuch.

8. Gestalte die rechte Seite des Wörterbuches mit einem Bild, welches das Wort **Schiff** mindestens 5mal enthält.

27. Schluss

1. Das Wort **Schluss** ist ein Nomen, deshalb wird es immer groß geschrieben. Nomen erkennt man daran, dass sie einen Begleiter haben: der **Schluss**
   - Das Wort **Schluss** wird am Ende mit zwei „ss" geschrieben.
   - Du hast gelernt, dass nach einem kurzen Vokal immer **zwei** Konsonanten folgen.
   - Das „u" in **Schluss** wird kurz gesprochen. Probier es aus! Sage mehrmals laut **Schluss, Schluss, Schluss**. Hörst du, dass das „u" kurz gesprochen wird?
   - Sage nun laut abwechselnd **Schluss** - Schule- **Schluss** - Schule – **Schluss** - Schule- **Schluss**
   - Hörst du den Unterschied? Im Wort **Schluss** wird das „u" kurz gesprochen, im Wort Schule lang

2. Schreibe **Schluss** in die Überschrift deines Wörterbuchs
   Schreibe darunter: der **Schluss**

3. Stehe auf. Fasse mit der rechten Hand hinter dem Rücken deinen linken Fuß und sage dabei **Schluss**. Stelle dir dabei vor, wie das Wort **Schluss** geschrieben wird.
   Fasse nun mit der linken Hand hinter dem Rücken deinen rechten Fuß und sage dabei **Schluss**. Stell dir dabei vor, wie das Wort **Schluss** geschrieben wird.
   Wiederhole dies insgesamt 10mal.

4. Finde das Wort **Schluss** und kreise es ein.
   Wie oft kommt es vor?

   SchussSchlussSchuleSchlammSchlussSchaleSchluss

5. Das Wort **Schluss** kommt auch in anderen Wörtern vor.
   Schlussverkauf, Schul**schluss**, Ab**schluss**
   Fallen dir noch mehr Wörter ein?

6. Lies die Sätze laut vor und schreibe sie in dein Wörterbuch, unterstreiche **Schluss**:

   Zum **Schluss** sin**gen** wir ein Lied.
   Für heu**te** ma**che** ich mit mei**ner** Ar**beit Schluss.**

7. Denke dir zwei weitere Sätze aus, in denen das Wort **Schluss** vorkommt und schreibe sie in dein Wörterbuch.

8. Gestalte die rechte Seite des Wörterbuches mit einem Bild, welches das Wort **Schluss** mindestens 5mal enthält.

28. Brille

1. Das Wort **Brille** ist ein Nomen, deshalb wird es immer groß geschrieben. Nomen erkennt man daran, dass sie einen Begleiter haben: die **Brille**
   - Das Wort **Brille** wird in der Mitte mit zwei „ll" geschrieben.
   - Du hast gelernt, dass nach einem kurzen Vokal immer **zwei** Konsonanten folgen.
   - Das „i" in **Brille** wird kurz gesprochen. Probier es aus! Sage mehrmals laut **Brille, Brille, Brille, Brille, Brille**. Hörst du, dass das „i" kurz gesprochen wird?
   - Sage nun laut abwechselnd **Brille** - Linie - **Brille** - Linie - **Brille**
   - Hörst du den Unterschied? Im Wort Brille wird das „i" kurz gesprochen, im Wort Linie lang.
   - Acht darauf, wie das „e" am Ende des Wortes ausgesprochen wird.

2. Schreibe **Brille** in die Überschrift deines Wörterbuchs
   Schreibe darunter: die **Brille**

3. Steh auf. Male mit der rechten Hand eine 8 in die Luft. Während du malst, sage laut **Bril-le**. Stelle dir hierbei vor, wie das Wort **Brille** geschrieben wird.
   Wiederhole dies insgesamt 5mal.
   Mache die gleiche Übung nun 5mal mit der linken Hand.

4. Finde das Wort **Brille** und kreise es ein.
   Wie oft kommt es vor?

   RilleBrillebraunBieneBrilleBartBrilleSessel

5. Das Wort **Brille** kommt auch in anderen Wörtern vor.
   Sonnen**brille**, **Brillen**glas, Lese**brille**
   Fallen dir noch mehr Wörter ein?

6. Lies die Sätze laut vor und schreibe sie in dein Wörterbuch, unterstreiche **Brille**:

   Mei**ne** O**ma** braucht ei**ne** Bri**ll**e.
   Mit der Bri**ll**e kann sie a**lles** gut se**hen**.

7. Denke dir zwei weitere Sätze aus, in denen das Wort **Brille** vorkommt und schreibe sie in dein Wörterbuch.

8. Gestalte die rechte Seite des Wörterbuches mit einem Bild, welches das Wort **Brille** mindestens 5mal enthält.

29. Sommer

1. Das Wort **Sommer** ist ein Nomen, deshalb wird es immer groß geschrieben. Nomen erkennt man daran, dass sie einen Begleiter haben: der
   - Das Wort **Sommer** wird in der Mitte mit zwei „mm" geschrieben.
   - Du hast gelernt, dass nach einem kurzen Vokal immer **zwei** Konsonanten folgen.
   - Das „o" in **Sommer** wird kurz gesprochen. Probiere es aus! Sage mehrmals laut **Sommer, Sommer, Sommer, Sommer**. Hörst du, dass das „o" kurz gesprochen wird?
   - Sage nun laut abwechselnd **Sommer** - Sofa – **Sommer** - Sofa - **Sommer**
   - Hörst du den Unterschied? Im Wort **Sommer** wird das „o" kurz gesprochen, im Wort Sofa lang.

2. Schreibe **Sommer** in die Überschrift deines Wörterbuchs
   Schreibe darunter: der **Sommer**

3. Stehe auf. Berühre mit dem rechten Ellenbogen das linke Knie und sage hierbei **Som-mer**, nun berühre mit dem linken Ellenbogen das rechte Knie und sage dabei **Som-mer**. Stelle dir hierbei vor, wie das Wort **Sommer** geschrieben wird.
   Wiederhole dies insgesamt 10mal.

4. Finde das Wort **Sommer** und kreise es ein.
   Wie oft kommt es vor?

   SonneSommerSortesonnigSommerSoßeSommersauber

5. Das Wort **Sommer** kommt auch in anderen Wörtern vor.
   Sommersonne, **Sommer**ferien, **Sommer**tag
   Fallen dir noch mehr Wörter ein?

6. Lies die Sätze laut vor und schreibe sie in dein Wörterbuch, unterstreiche **Sommer**:

   Im Som**mer** ist es oft heiß.
   Ich ge**he** im Som**mer** ger**ne** in das Schwimm**bad**.

7. Denke dir zwei weitere Sätze aus, in denen das Wort **Sommer** vorkommt und schreibe sie in dein Wörterbuch.

8. Gestalte die rechte Seite des Wörterbuches mit einem Bild, welches das Wort **Sommer** mindestens 5mal enthält.

30. Puppe

1. Das Wort **Puppe** ist ein Nomen, deshalb wird es immer groß geschrieben. Nomen erkennt man daran, dass sie einen Begleiter haben: die **Puppe**
   - Das Wort **Puppe** wird in der Mitte mit zwei „pp" geschrieben.
   - Du hast gelernt, dass nach einem kurzen Vokal immer **zwei** Konsonanten folgen.
   - Das „u" in **Puppe** wird kurz gesprochen. Probiere es aus! Sage mehrmals laut **Puppe, Puppe, Puppe, Puppe**. Hörst du, dass das „u" kurz gesprochen wird?
   - Sage nun laut abwechselnd **Puppe** - Pudel - **Puppe** - Pudel - **Puppe**
   - Hörst du den Unterschied? Im Wort **Puppe** wird das „u" kurz gesprochen, im Wort Pudel lang.
   - Acht darauf, wie das „e" am Ende des Wortes ausgesprochen wird.

2. Schreibe **Puppe** in die Überschrift deines Wörterbuchs
   Schreibe darunter: die **Puppe**

3. Stehe auf. Fasse mit der rechten Hand hinter dem Rücken deinen linken Fuß und sage dabei **Pup-pe**. Stelle dir dabei vor, wie das Wort **Puppe** geschrieben wird.
   Fasse nun mit der linken Hand hinter dem Rücken deinen rechten Fuß und sage dabei **Pup-pe**. Stell dir dabei vor, wie das Wort **Puppe** geschrieben wird.
   Wiederhole dies insgesamt 10mal.

4. Finde das Wort **Puppe** und kreise es ein.
   Wie oft kommt es vor?

   PudelPuppePiratpinkPuppeSuppePuppeKuppe

5. Das Wort **Puppe** kommt auch in anderen Wörtern vor.
   Puppenkleider, **Puppen**haus, **Puppen**wagen, Schaufenster**puppe**
   Fallen dir noch mehr Wörter ein?

6. Lies die Sätze laut vor und schreibe sie in dein Wörterbuch, unterstreiche **Puppe**:

   Mei**ne** Pu**ppe** hat ein ro**tes** Kleid.
   Ich spie**le** ge**rne** mit mei**ner** Puppe.

7. Denke dir zwei weitere Sätze aus, in denen das Wort **Puppe** vorkommt und schreibe sie in dein Wörterbuch.

8. Gestalte die rechte Seite des Wörterbuches mit einem Bild, welches das Wort **Puppe** mindestens 5mal enthält.

31. Bett

1. Das Wort **Bett** ist ein Nomen, deshalb wird es immer groß geschrieben. Nomen erkennt man daran, dass sie einen Begleiter haben: das **Bett**
- Das Wort **Bett** wird am Ende mit zwei „tt" geschrieben.
- Du hast gelernt, dass nach einem kurzen Vokal immer **zwei** Konsonanten folgen.
- Das „e" in **Bett** wird kurz gesprochen. Probiere es aus! Sage mehrmals laut **Bett, Bett, Bett**. Hörst du, dass das „e" kurz gesprochen wird?
- Sage nun laut abwechselnd **Bett** - beten - **Bett** - beten – **Bett** - beten - **Bett**
- Hörst du den Unterschied? Im Wort **Bett** wird das „e" kurz gesprochen, im Wort beten lang. Achte darauf, wie unterschiedlich der Buchstabe „e" ausgesprochen wird.

2. Schreibe **Bett** in die Überschrift deines Wörterbuchs
   Schreibe darunter: das **Bett**

3. Steh auf. Male mit der rechten Hand eine 8 in die Luft. Während du malst, sage laut **Bett**. Stelle dir hierbei vor, wie das Wort **Bett** geschrieben wird.
   Wiederhole dies insgesamt 5mal.
   Mache die gleiche Übung nun 5mal mit der linken Hand.

4. Finde das Wort **Bett** und kreise es ein.
   Wie oft kommt es vor?

   BratenBettbetennettBettbaldBettBrett

5. Das Wort **Bett** kommt auch in anderen Wörtern vor.
   Kinder**bett**, **Bett**decke, Fluss**bett**, Hoch**bett**
   Fallen dir noch mehr Wörter ein?

6. Lies die Sätze laut vor und schreibe sie in dein Wörterbuch, unterstreiche **Bett**:

   Das kran**ke** Kind liegt im **Bett**.
   Auf mei**nem** **Bett** liegt ei**ne** bunte Dec**ke**.

7. Denke dir zwei weitere Sätze aus, in denen das Wort **Bett** vorkommt und schreibe sie in dein Wörterbuch.

8. Gestalte die rechte Seite des Wörterbuches mit einem Bild, welches das Wort **Bett** mindestens 5mal enthält.

32. Schloss

1. Das Wort **Schloss** ist ein Nomen, deshalb wird es immer groß geschrieben. Nomen erkennt man daran, dass sie einen Begleiter haben: das **Schloss**
   - Das Wort **Schloss** wird am Ende mit zwei „ss" geschrieben.
   - Du hast gelernt, dass nach einem kurzen Vokal immer **zwei** Konsonanten folgen.
   - Das „o" in **Schloss** wird kurz gesprochen. Probiere es aus! Sage mehrmals laut **Schloss, Schloss, Schloss**. Hörst du, dass das „o" kurz gesprochen wird?
   - Sage nun laut abwechselnd **Schloss** - Rose - **Schloss** - Rose - **Schloss** - Rose - **Schloss**
   - Hörst du den Unterschied? Im Wort Schloss wird das „o" kurz gesprochen, im Wort Rose lang

2. Schreibe **Schloss** in die Überschrift deines Wörterbuchs
   Schreibe darunter: das Schloss

3. Stehe auf. Berühre mit dem rechten Ellenbogen das linke Knie und sage hierbei **Schloss**, nun berühre mit dem linken Ellenbogen das rechte Knie und sage dabei **Schloss**.
   Stelle dir hierbei vor, wie das Wort **Schloss** geschrieben wird.
   Wiederhole dies insgesamt 10mal.

4. Finde das Wort **Schloss** und kreise es ein.
   Wie oft kommt es vor?
   SchlussSchlossSchaufelSchadenSchlossSchlammSchlossSchule

5. Das Wort **Schloss** kommt auch in anderen Wörtern vor.
   Schlosshof, Märchen**schloss**, Tür**schloss**
   Fallen dir noch mehr Wörter ein?
   Beachte, dass das Wort **Schloss** verschiedene Bedeutungen haben kann.

6. Lies die Sätze laut vor und schreibe sie in dein Wörterbuch, unterstreiche **Schloss**:

   Der Kö**nig** wohl in ei**nem Schloss**.
   An der Tür ist ein gro**ßes Schloss**.

7. Denke dir zwei weitere Sätze aus, in denen das Wort **Schloss** vorkommt und schreibe sie in dein Wörterbuch.

8. Gestalte die rechte Seite des Wörterbuches mit einem Bild, welches das Wort **Schloss** mindestens 5mal enthält.

33. Stimme

1. Das Wort **Stimme** ist ein Nomen, deshalb wird es immer groß geschrieben. Nomen erkennt man daran, dass sie einen Begleiter haben: die **Stimme**
   - Das „S" in Wörtern mit „St" oder „Sp" am Anfang wird „Sch" gesprochen. Es gibt keine Wörter mit „Scht" oder „Schp" am Anfang, auch wenn Wörter so gesprochen werden. Diese Wörter werden **immer** mit „St" oder „St" geschrieben: **Stimme**
   - Das Wort **Stimme** wird in der Mitte mit zwei „mm" geschrieben.
   - Du hast gelernt, dass nach einem kurzen Vokal immer **zwei** Konsonanten folgen.
   - Das „i" in **Stimme** wird kurz gesprochen. Probiere es aus! Sage mehrmals laut **Stimme, Stimme, Stimme, Stimme**. Hörst du, dass das „i" kurz gesprochen wird?
   - Sage nun laut abwechselnd **Stimme** - Klima - **Stimme** - Klima - **Stimme**
   - Hörst du den Unterschied? Im Wort **Stimme** wird das „i" kurz gesprochen, im Wort Klima lang.
   - Achte darauf, wie das „e" am Ende des Wortes ausgesprochen wird.

2. Schreibe **Stimme** in die Überschrift deines Wörterbuchs
   Schreibe darunter: die **Stimme**

3. Stehe auf. Fasse mit der rechten Hand hinter dem Rücken deinen linken Fuß und sage dabei **Stim-me**. Stelle dir dabei vor, wie das Wort **Stimme** geschrieben wird.
   Fasse nun mit der linken Hand hinter dem Rücken deinen rechten Fuß und sage dabei **Stim-me**. Stell dir dabei vor, wie das Wort **Stimme** geschrieben wird.
   Wiederhole dies insgesamt 10mal.

4. Finde das Wort **Stimme** und kreise es ein.
   Wie oft kommt es vor?

   SternStimmeHimmelStimmestummStimmeStummel

5. Das Wort **Stimme** kommt auch in anderen Wörtern vor.
   Sing**stimme**, **Stimm**band, **Stimm**bruch
   Fallen dir noch mehr Wörter ein?

6. Lies die Sätze laut vor und schreibe sie in dein Wörterbuch, unterstreiche **Stimme**:
   Der Sän**ger** hat ei**ne** schö**ne** Stim**me**.
   Bei der Wahl ge**be** ich mei**ne** Stim**me** ab.

7. Denke dir zwei weitere Sätze aus, in denen das Wort **Stimme** vorkommt und schreibe sie in dein Wörterbuch.

8. Gestalte die rechte Seite des Wörterbuches mit einem Bild, welches das Wort **Stimme** mindestens 5mal enthält.

34. Mitte

1. Das Wort **Mitte** ist ein Nomen, deshalb wird es immer groß geschrieben. Nomen erkennt man daran, dass sie einen Begleiter haben: die **Mitte**
   - Das Wort **Mitte** wird in der Mitte mit zwei „tt" geschrieben.
   - Du hast gelernt, dass nach einem kurzen Vokal immer **zwei** Konsonanten folgen.
   - Das „i" in **Mitte** wird kurz gesprochen. Probiere es aus! Sage mehrmals laut **Mitte, Mitte, Mitte, Mitte**. Hörst du, dass das „i" kurz gesprochen wird?
   - Sage nun laut abwechselnd **Mitte** - **Klima** - **Mitte** - **Klima** - **Mitte**
   - Hörst du den Unterschied? Im Wort **Mitte** wird das „i" kurz gesprochen, im Wort Klima lang.
   - Achte darauf, wie das „e" am Ende des Wortes ausgesprochen wird.

2. Schreibe **Mitte** in die Überschrift deines Wörterbuchs
   Schreibe darunter: die **Mitte**

3. Steh auf. Male mit der rechten Hand eine 8 in die Luft. Während du malst, sage laut **Mit-te**. Stelle dir hierbei vor, wie das Wort **Mitte** geschrieben wird.
   Wiederhole dies insgesamt 5mal.
   Mache die gleiche Übung nun 5mal mit der linken Hand.

4. Finde das Wort **Mitte** und kreise es ein.
   Wie oft kommt es vor?

   MatteMittemutigGitteMittemattmehrMitteMeer

5. Das Wort **Mitte** kommt auch in anderen Wörtern vor.
   Stadt**mitte**, **Mittel**alter, **Mittel**stürmer
   Fallen dir noch mehr Wörter ein?

6. Lies die Sätze laut vor und schreibe sie in dein Wörterbuch, unterstreiche **Mitte**:

   In der Mi**tte** des Zi**mm**ers steht ein Tisch.
   Ich möch**te** ger**ne** in der Mi**tte** sit**zen**.

7. Denke dir zwei weitere Sätze aus, in denen das Wort **Mitte** vorkommt und schreibe sie in dein Wörterbuch.

8. Gestalte die rechte Seite des Wörterbuches mit einem Bild, welches das Wort **Mitte** mindestens 5mal enthält.

35. Mutter

1. Das Wort **Mutter** ist ein Nomen, deshalb wird es immer groß geschrieben. Nomen erkennt man daran, dass sie einen Begleiter haben: die **Mutter**
   - Das Wort **Mutter** wird in der Mitte mit zwei „tt" geschrieben.
   - Du hast gelernt, dass nach einem kurzen Vokal immer **zwei** Konsonanten folgen.
   - Das „u" in **Mutter** wird kurz gesprochen. Probiere es aus! Sage mehrmals laut **Mutter, Mutter, Mutter, Mutter**. Hörst du, dass das „u" kurz gesprochen wird?
   - Sage nun laut abwechselnd **Mutter** - Musik - **Mutter** - Musik - **Mutter**
   - Hörst du den Unterschied? Im Wort **Mutter**   wird das „u" kurz gesprochen, im Wort Musik lang.
   - Das „er" am Ende kannst du nicht gut hören, du musst das Wort genau aussprechen, damit du es hören kannst. Sage: **Mut - ter**

2. Schreibe **Mutter** in die Überschrift deines Wörterbuchs
   Schreibe darunter: die **Mutter**

3. Stehe auf. Berühre mit dem rechten Ellenbogen das linke Knie und sage hierbei **Mutter**, nun berühre mit dem linken Ellenbogen das rechte Knie und sage dabei **Mutter**.
   Stelle dir hierbei vor, wie das Wort **Mutter** geschrieben wird.
   Wiederhole dies insgesamt 10mal.

4. Finde das Wort **Mutter** und kreise es ein.
   Wie oft kommt es vor?

   ButterMutMutterMatteMusikMuttermalenMuttermalen

5. Das Wort **Mutter** kommt auch in anderen Wörtern vor.
   Groß**mutter**, **Mutter**tag, **Mutter**sprache
   Fallen dir noch mehr Wörter ein?

6. Lies die Sätze laut vor und schreibe sie in dein Wörterbuch, unterstreiche **Mutter**:

   Mei**ne** Mu**tter** hat vier Kin**der**.
   Das Kleid ge**hört** mei**ner** Mut**ter**.

7. Denke dir zwei weitere Sätze aus, in denen das Wort **Mutter** vorkommt und schreibe sie in dein Wörterbuch.

8. Gestalte die rechte Seite des Wörterbuches mit einem Bild, welches das Wort **Mutter** mindestens 5mal enthält.

36. Mann

1. Das Wort **Mann** ist ein Nomen, deshalb wird es immer groß geschrieben. Nomen erkennt man daran, dass sie einen Begleiter haben: der **Mann**
   - Das Wort **Mann** wird am Ende mit zwei „nn" geschrieben.
   - Du hast gelernt, dass nach einem kurzen Vokal immer **zwei** Konsonanten folgen.
   - Das „a" in **Mann** wird kurz gesprochen. Probiere es aus! Sage mehrmals laut **Mann, Mann, Mann**. Hörst du, dass das „a" kurz gesprochen wird?
   - Sage nun laut abwechselnd **Mann** - Tapete - **Mann** - Tapete - **Mann** - Tapete - **Mann**
   - Hörst du den Unterschied? Im Wort **Mann** wird das „a" kurz gesprochen, im Wort Tapete lang

2. Schreibe **Mann** in die Überschrift deines Wörterbuchs
   Schreibe darunter: der **Mann**

3. Stehe auf. Fasse mit der rechten Hand hinter dem Rücken deinen linken Fuß und sage dabei **Mann**. Stelle dir dabei vor, wie das Wort **Mann** geschrieben wird.
   Fasse nun mit der linken Hand hinter dem Rücken deinen rechten Fuß und sage dabei **Mann**. Stell dir dabei vor, wie das Wort **Mann** geschrieben wird.
   Wiederhole dies insgesamt 10mal.

4. Finde das Wort **Mann** und kreise es ein.
   Wie oft kommt es vor?

   TanneMannMondMannModedannMannMelone

5. Das Wort **Mann** kommt auch in anderen Wörtern vor.
   Mannschaft, Ehe**mann**, Tor**mann**
   Fallen dir noch mehr Wörter ein?

6. Lies die Sätze laut vor und schreibe sie in dein Wörterbuch, unterstreiche **Mann**:

   Im Au**t**o sitzt ein **Mann**.
   Der **Mann** hat brau**n**e Haa**r**e.

7. Denke dir zwei weitere Sätze aus, in denen das Wort **Mann** vorkommt und schreibe sie in dein Wörterbuch.

8. Gestalte die rechte Seite des Wörterbuches mit einem Bild, welches das Wort **Mann** mindestens 5mal enthält.

37. Herr

1. Das Wort **Herr** ist ein Nomen, deshalb wird es immer groß geschrieben. Nomen erkennt man daran, dass sie einen Begleiter haben: der **Herr**
   - Das Wort **Herr** wird am Ende mit zwei „rr" geschrieben.
   - Du hast gelernt, dass nach einem kurzen Vokal immer **zwei** Konsonanten folgen.
   - Das „e" in **Herr** wird kurz gesprochen. Probiere es aus! Sage mehrmals laut **Herr, Herr, Herr**. Hörst du, dass das „e" kurz gesprochen wird?
   - Sage nun laut abwechselnd **Herr** - lesen - **Herr** - lesen - **Herr** - lesen - **Herr**
   - Hörst du den Unterschied? Im Wort **Herr** wird das „e" kurz gesprochen, im Wort lesen lang.

2. Schreibe **Herr** in die Überschrift deines Wörterbuchs
   Schreibe darunter: der **Herr**
                    die Herren

3. Steh auf. Male mit der rechten Hand eine 8 in die Luft. Während du malst, sage laut **Herr**. Stelle dir hierbei vor, wie das Wort **Herr** geschrieben wird.
   Wiederhole dies insgesamt 5mal.
   Mache die gleiche Übung nun 5mal mit der linken Hand.

4. Finde das Wort **Herr** und kreise es ein.
   Wie oft kommt es vor?

   HeerHerrHaseHundHerrHuhnherrschenHerrHimmel

5. Das Wort **Herr** kommt auch in anderen Wörtern vor.
   Herrschaft, Dienst**herr**, Bau**herr**
   Fallen dir noch mehr Wörter ein?

6. Lies die Sätze laut vor und schreibe sie in dein Wörterbuch, unterstreiche **Herr**:

   Mein Leh**r**e**r** heißt **Herr** Mei**er**.
   Ein **Herr** und ei**ne** Da**me** spa**zie**ren durch den Park.

7. Denke dir zwei weitere Sätze aus, in denen das Wort **Herr** vorkommt und schreibe sie in dein Wörterbuch.

8. Gestalte die rechte Seite des Wörterbuches mit einem Bild, welches das Wort **Herr** mindestens 5mal enthält.

38. Nuss

1. Das Wort **Nuss** ist ein Nomen, deshalb wird es immer groß geschrieben. Nomen erkennt man daran, dass sie einen Begleiter haben: die **Nuss**
- Das Wort **Nuss** wird am Ende mit zwei „ss" geschrieben.
- Du hast gelernt, dass nach einem kurzen Vokal immer **zwei** Konsonanten folgen.
- Das „u" in **Nuss** wird kurz gesprochen. Probiere es aus! Sage mehrmals laut **Nuss, Nuss, Nuss**. Hörst du, dass das „u" kurz gesprochen wird?
- Sage nun laut abwechselnd **Nuss** - Bluse - **Nuss** - Bluse - **Nuss** - Bluse - **Nuss**
- Hörst du den Unterschied? Im Wort **Nuss** wird das „u" kurz gesprochen, im Wort Bluse lang

2. Schreibe **Nuss** in die Überschrift deines Wörterbuchs
   Schreibe darunter: die **Nuss**
   die Nüsse

3. Stehe auf. Berühre mit dem rechten Ellenbogen das linke Knie und sage hierbei **Nuss**, nun berühre mit dem linken Ellenbogen das rechte Knie und sage dabei **Nuss**.
   Stelle dir hierbei vor, wie das Wort **Nuss** geschrieben wird.
   Wiederhole dies insgesamt 10mal.

4. Finde das Wort **Nuss** und kreise es ein.
   Wie oft kommt es vor?

   nassNussKussNestNaseNussNordenFlussNussnagenBluse

5. Das Wort **Nuss** kommt auch in anderen Wörtern vor.
   Erd**nuss**, Hasel**nuss**, **Nuss**kuchen
   Fallen dir noch mehr Wörter ein?

6. Lies die Sätze laut vor und schreibe sie in dein Wörterbuch, unterstreiche **Nuss**:

   Die **Nuss** hat ei**ne** Scha**le**.
   Das Eich**hörn**chen frisst ei**ne Nuss**.

7. Denke dir zwei weitere Sätze aus, in denen das Wort **Nuss** vorkommt und schreibe sie in dein Wörterbuch.

8. Gestalte die rechte Seite des Wörterbuches mit einem Bild, welches das Wort **Nuss** mindestens 5mal enthält.

39. Affe

1. Das Wort **Affe** ist ein Nomen, deshalb wird es immer groß geschrieben. Nomen erkennt man daran, dass sie einen Begleiter haben: der **Affe**
- Das Wort **Affe** wird in der Mitte mit zwei „ff" geschrieben.
- Du hast gelernt, dass nach einem kurzen Vokal immer **zwei** Konsonanten folgen.
- Das „A" in **Affe** wird kurz gesprochen. Probiere es aus! Sage mehrmals laut **Affe, Affe, Affe**. Hörst du, dass das „A" kurz gesprochen wird?
- Sage nun laut abwechselnd **Affe** - Nase - **Affe** - Nase - **Affe**
- Hörst du den Unterschied? Im Wort **Affe** wird das „a" kurz gesprochen, im Wort Nase lang.
- Achte darauf, wie das „e" am Ende des Wortes ausgesprochen wird.

2. Schreibe **Affe** in die Überschrift deines Wörterbuchs
   Schreibe darunter: der **Affe**

3. Stehe auf. Fasse mit der rechten Hand hinter dem Rücken deinen linken Fuß und sage dabei **Af-fe**. Stelle dir dabei vor, wie das Wort **Affe** geschrieben wird.
   Fasse nun mit der linken Hand hinter dem Rücken deinen rechten Fuß und sage dabei **Af-fe**. Stell dir dabei vor, wie das Wort **Affe** geschrieben wird.
   Wiederhole dies insgesamt 10mal.

4. Finde das Wort **Affe** und kreise es ein.
   Wie oft kommt es vor?

   GiraffeAffeApfelAffeAntonAstAffeAfrika

5. Das Wort **Affe** kommt auch in anderen Wörtern vor.
   Nasen**affe**, **Affen**mutter, **Affen**gehege
   Fallen dir noch mehr Wörter ein?

6. Lies die Sätze laut vor und schreibe sie in dein Wörterbuch, unterstreiche **Affe**:

   Im Zoo gibt es vie**le** Af**fen**.
   Der Af**fe** klet**tert** schnell auf ei**nen** Baum.

7. Denke dir zwei weitere Sätze aus, in denen das Wort **Affe** vorkommt und schreibe sie in dein Wörterbuch.

8. Gestalte die rechte Seite des Wörterbuches mit einem Bild, welches das Wort **Affe** mindestens 5mal enthält.

40. Katze

1. Das Wort **Katze** ist ein Nomen, deshalb wird es immer groß geschrieben. Nomen erkennt man daran, dass sie einen Begleiter haben: die **Katze**
   - Warum wird **Katze** mit „tz" geschrieben?
     Nach einem kurzen Vokal steht „tz", nach Konsonanten oder Doppellauten wie „ei" steht nur „z"!
   - Das „a" in **Katze** wird kurz gesprochen. Probiere es aus! Sage mehrmals laut **Katze, Katze, Katze**. Hörst du, dass das „a" kurz gesprochen wird?
   - Nach **Konsonanten** folgt dagegen nur ein "z", zum Beispiel in Walze, Pilze, Lanze.
   - Auch nach **Doppellauten** folgt nur ein "z", zum Beispiel in Weizen, Geiz, spreizen
   - Achte darauf, wie das „e" am Ende des Wortes ausgesprochen wird.

2. Schreibe **Katze** in die Überschrift deines Wörterbuchs
   Schreibe darunter: die **Katze**

3. Steh auf. Male mit der rechten Hand eine 8 in die Luft. Während du malst, sage laut **Kat-ze**. Stelle dir hierbei vor, wie das Wort **Katze** geschrieben wird.
   Wiederhole dies insgesamt 5mal.
   Mache die gleiche Übung nun 5mal mit der linken Hand.

4. Finde das Wort **Katze** und kreise es ein.
   Wie oft kommt es vor?

   TatzeKatzeKaterkratzenKatzeKarateKatzeputzen

5. Das Wort **Katze** kommt auch in anderen Wörtern vor.
   Katzenfell, **Katzen**hai, Haus**katze**
   Fallen dir noch andere Wörter ein?

6. Lies die Sätze laut vor und schreibe sie in dein Wörterbuch, unterstreiche **Katze**:

   Ich ha**be** ei**ne** schwar**ze** Kat**ze**.
   Mei**ne** Kat**ze** kann gut klet**tern**.

7. Denke dir zwei weitere Sätze aus, in denen das Wort **Katze** vorkommt und schreibe sie in dein Wörterbuch.

8. Gestalte die rechte Seite des Wörterbuches mit einem Bild, welches das Wort **Katze** mindestens 5mal enthält.

41. Witz

1. Das Wort **Witz** ist ein Nomen, deshalb wird es immer groß geschrieben. Nomen erkennt man daran, dass sie einen Begleiter haben: der **Witz**
   - Warum wird **Witz** mit „tz" geschrieben?
   - **Nach einem kurzen Vokal steht „tz", nach Konsonanten oder Doppellauten wie „ei" steht nur „z"!**
   - Das „i" in **Witz** wird kurz gesprochen. Probiere es aus! Sage mehrmals laut **Witz, Witz, Witz**. Hörst du, dass das „i" kurz gesprochen wird?
   - Nach **Konsonanten** folgt dagegen nur ein "z", zum Beispiel in Walze, Pilze, Lanze.
   - Auch nach **Doppellauten** folgt nur ein "z", zum Beispiel in Weizen, Geiz, spreizen

2. Schreibe **Witz** in die Überschrift deines Wörterbuchs
   Schreibe darunter: der **Witz**

3. Stehe auf. Berühre mit dem rechten Ellenbogen das linke Knie und sage hierbei **Witz**, nun berühre mit dem linken Ellenbogen das rechte Knie und sage dabei **Witz**.
   Stelle dir hierbei vor, wie das Wort **Witz** geschrieben wird.
   Wiederhole dies insgesamt 10mal.

4. Finde das Wort **Witz** und kreise es ein.
   Wie oft kommt es vor?

   FritzWitzWaldWalzeWitzBlitzWirtWitzWirbel

5. Das Wort **Witz** kommt auch in anderen Wörtern vor.
   Witzbold, **Witz**figur, Schul**witz**
   Fallen dir noch mehr Wörter ein?

6. Lies die Sätze laut vor und schreibe sie in dein Wörterbuch, unterstreiche **Witz**:

   Mein Freund er**zählt** mir ei**nen** lustigen **Witz**.
   Über den **Witz** muss ich sehr la**chen**.

7. Denke dir zwei weitere Sätze aus, in denen das Wort **Witz** vorkommt und schreibe sie in dein Wörterbuch.

8. Gestalte die rechte Seite des Wörterbuches mit einem Bild, welches das Wort **Witz** mindestens 5mal enthält.

42. Platz

1. Das Wort **Platz** ist ein Nomen, deshalb wird es immer groß geschrieben. Nomen erkennt man daran, dass sie einen Begleiter haben: der **Platz**
   - **Platz** wird am Anfang mit „P" geschrieben. Das „P" wird hart gesprochen, ein „B" am Wortanfang dagegen weich. Probiere es aus! Sage mehrmals laut hintereinander **Platz** - Blase - **Platz** - Blase - **Platz** - Blase - **Platz**
   - Warum wird **Platz** mit „tz" geschrieben?
   - **Nach einem kurzen Vokal steht „tz", nach Konsonanten oder Doppellauten wie „ei" steht nur „z"!**
   - Das „a" in **Platz** wird kurz gesprochen. Probiere es aus! Sage mehrmals laut **Platz, Platz, Platz**. Hörst du, dass das „a" kurz gesprochen wird?
   - Nach **Konsonanten** folgt dagegen nur ein „z", zum Beispiel in Walze, Pilze, Lanze.
   - Auch nach **Doppellauten** folgt nur ein „z", zum Beispiel in Weizen, Geiz, spreizen
   - Die Mehrzahl von **Platz** heißt Plätze. Du kannst nicht hören, ob man dieses Wort mit „ä" oder mit „e" schreibt. Aber du weißt, dass es sich vom Wort **Platz** ableitet, daher wird es mit „ä" geschrieben.

2. Schreibe **Platz** in die Überschrift deines Wörterbuchs
   Schreibe darunter: der **Platz**
   die Plätze

3. Stehe auf. Fasse mit der rechten Hand hinter dem Rücken deinen linken Fuß und sage dabei **Platz**. Stelle dir dabei vor, wie das Wort **Platz** geschrieben wird.
   Fasse nun mit der linken Hand hinter dem Rücken deinen rechten Fuß und sage dabei **Platz**. Stell dir dabei vor, wie das Wort **Platz** geschrieben wird.
   Wiederhole dies insgesamt 10mal.

4. Finde das Wort **Platz** und kreise es ein.
   Wie oft kommt es vor?

   PilzPlatzPfalzputzenPlatzParkPlatzPferd

5. Das Wort **Platz** kommt auch in anderen Wörtern vor.
   Spiel**platz**, Park**platz**, **Platz**regen, Sitz**platz**
   Fallen dir noch mehr Wörter ein?

6. Lies die Sätze laut vor und schreibe sie in dein Wörterbuch, unterstreiche **Platz**:
   In mei**nem** Zi**mmer** ha**be** ich viel **Platz**.
   Das Kind sitzt in der Schu**le** auf sei**nem Platz**.

7. Denke dir zwei weitere Sätze aus, in denen das Wort **Platz** vorkommt und schreibe sie in dein Wörterbuch.

8. Gestalte die rechte Seite des Wörterbuches mit einem Bild, welches das Wort **Platz** mindestens 5mal enthält.

43. Pilz

1. Das Wort **Pilz** ist ein Nomen, deshalb wird es immer groß geschrieben. Nomen erkennt man daran, dass sie einen Begleiter haben: der **Pilz**
- Warum wird **Pilz** mit „z" geschrieben?
- **Nach Konsonanten oder Doppellauten wie „ei" steht nur „z", nach einem kurzen Vokal steht „tz"!**
- Bei **Pilz** folgt auf den Konsonanten „l" nur ein „z".

2. Schreibe **Pilz** in die Überschrift deines Wörterbuchs
   Schreibe darunter: der **Pilz**
   die Pilze

3. Steh auf. Male mit der rechten Hand eine 8 in die Luft. Während du malst, sage laut **Pilz**. Stelle dir hierbei vor, wie das Wort **Pilz** geschrieben wird.
   Wiederhole dies insgesamt 5mal.
   Mache die gleiche Übung nun 5mal mit der linken Hand.

4. Finde das Wort **Pilz** und kreise es ein.
   Wie oft kommt es vor?

   PlatzPilzputzenFilzPferdPilzPanzerPilzPfanne

5. Das Wort **Pilz** kommt auch in anderen Wörtern vor.
   Fliegen**pilz**, **Pilz**suppe, Haut**pilz**
   Fallen dir noch mehr Wörter ein?

6. Lies die Sätze laut vor und schreibe sie in dein Wörterbuch, unterstreiche **Pilz**:

   Mei**ne** O**ma** sam**melt** ger**ne** Pi**lze** im Wald.
   Auf der Wie**se** wächst ein **Pilz**.

7. Denke dir zwei weitere Sätze aus, in denen das Wort **Pilz** vorkommt und schreibe sie in dein Wörterbuch.

8. Gestalte die rechte Seite des Wörterbuches mit einem Bild, welches das Wort **Pilz** mindestens 5mal enthält.

44. Weizen

1. Das Wort **Weizen** ist ein Nomen, deshalb wird es immer groß geschrieben. Nomen erkennt man daran, dass sie einen Begleiter haben: der **Weizen**
   - Warum wird **Weizen** mit „z" geschrieben?
   - **Nach Konsonanten oder Doppellauten wie „ei" steht nur „z", nach einem kurzen Vokal steht „tz"!**
   - Bei **Weizen** folgt auf den Doppellaut „ei" nur ein „z".

2. Schreibe **Weizen** in die Überschrift deines Wörterbuchs
   Schreibe darunter: der **Weizen**

3. Stehe auf. Berühre mit dem rechten Ellenbogen das linke Knie und sage hierbei **Wei-zen**, nun berühre mit dem linken Ellenbogen das rechte Knie und sage dabei **Wei-zen**. Stelle dir hierbei vor, wie das Wort **Weizen** geschrieben wird.
   Wiederhole dies insgesamt 10mal.

4. Finde das Wort **Weizen** und kreise es ein.
   Wie oft kommt es vor?

   WaldWeizenWitzWortWeizenWippeWeizenWurst

5. Das Wort **Weizen** kommt auch in anderen Wörtern vor.
   Wei**zen**brot, Wei**zen**feld, Wei**zen**mehl
   Fallen dir noch mehr Wörter ein?

6. Lies die Sätze laut vor und schreibe sie in dein Wörterbuch, unterstreiche **Weizen**:

   Auf dem Feld wächst Wei**zen**.
   Der Wei**zen** wird zu Mehl ge**mahl**en.

7. Denke dir zwei weitere Sätze aus, in denen das Wort **Weizen** vorkommt und schreibe sie in dein Wörterbuch.

8. Gestalte die rechte Seite des Wörterbuches mit einem Bild, welches das Wort **Weizen** mindestens 5mal enthält.

45. Blick

1. Das Wort **Blick** ist ein Nomen, deshalb wird es immer groß geschrieben. Nomen erkennt man daran, dass sie einen Begleiter haben: der **Blick**
   - Das Wort **Blick** wird am Ende mit „ck" geschrieben.
   - Du hast gelernt, dass nach einem kurzen Vokal immer **zwei** Konsonanten folgen. Ist der Konsonant ein „k", so wird das „k" nicht verdoppelt, sondern es wird zu „ck".
   - Das „i" in **Blick** wird kurz gesprochen. Probiere es aus! Sage mehrmals laut **Blick, Blick, Blick**. Hörst du, dass das „i" kurz gesprochen wird?
   - Sage nun laut abwechselnd **Blick** - Klima - **Blick** - Klima - **Blick**
   - Hörst du den Unterschied? Im Wort **Blick** wird das „i" kurz gesprochen, im Wort Klima lang.

2. Schreibe **Blick** in die Überschrift deines Wörterbuchs
   Schreibe darunter: der **Blick**

3. Stehe auf. Fasse mit der rechten Hand hinter dem Rücken deinen linken Fuß und sage dabei **Blick**. Stelle dir dabei vor, wie das Wort **Blick** geschrieben wird.
   Fasse nun mit der linken Hand hinter dem Rücken deinen rechten Fuß und sage dabei **Blick**. Stell dir dabei vor, wie das Wort **Blick** geschrieben wird.
   Wiederhole dies insgesamt 10mal.

4. Finde das Wort **Blick** und kreise es ein.
   Wie oft kommt es vor?

   BirkeBlickBlitzBlickBlumeBlickBirne

5. Das Wort **Blick** kommt auch in anderen Wörtern vor.
   Augen**blick**, **Blick**winkel, **Blick**fang
   Fallen dir noch mehr Wörter ein?

6. Lies die Sätze laut vor und schreibe sie in dein Wörterbuch, unterstreiche **Blick**:
   Der **Blick** des Man**nes** ge**fällt** mir nicht.
   Er hat ei**nen** bö**sen Blick**.

7. Denke dir zwei weitere Sätze aus, in denen das Wort **Blick** vorkommt und schreibe sie in dein Wörterbuch.

8. Gestalte die rechte Seite des Wörterbuches mit einem Bild, welches das Wort **Blick** mindestens 5mal enthält.

46. Decke

1. Das Wort **Decke** ist ein Nomen, deshalb wird es immer groß geschrieben. Nomen erkennt man daran, dass sie einen Begleiter haben: die **Decke**
   - Das Wort **Decke** wird in der Mitte mit „ck" geschrieben.
   - Du hast gelernt, dass nach einem kurzen Vokal immer **zwei** Konsonanten folgen. Ist der Konsonant ein „k", so wird das „k" nicht verdoppelt, sondern es wird zu „ck".
   - Das „e" in **Decke** wird kurz gesprochen. Probiere es aus! Sage mehrmals laut **Decke, Decke, Decke**. Hörst du, dass das „e" kurz gesprochen wird?
   - Sage nun laut abwechselnd **Decke** - Besen - **Decke** - Besen - **Decke**
   - Hörst du den Unterschied? Im Wort **Decke** wird das „e" kurz gesprochen, im Wort Besen lang.
   - Achte darauf, wie unterschiedlich die beiden „e" im Wort **Decke** ausgesprochen werden.

2. Schreibe **Decke** in die Überschrift deines Wörterbuchs
   Schreibe darunter: die **Decke**

3. Steh auf. Male mit der rechten Hand eine 8 in die Luft. Während du malst, sage laut **Dec-ke**. Stelle dir hierbei vor, wie das Wort **Decke** geschrieben wird.
   Wiederhole dies insgesamt 5mal.
   Mache die gleiche Übung nun 5mal mit der linken Hand.

4. Finde das Wort **Decke** und kreise es ein.
   Wie oft kommt es vor?

   DoseDeckeDameDackelDeckeDurst

5. Das Wort **Decke** kommt auch in anderen Wörtern vor.
   Bett**decke**, Zimmer**decke**, **Decken**lampe
   Fallen dir noch mehr Wörter ein?

6. Lies die Sätze laut vor und schreibe sie in dein Wörterbuch, unterstreiche **Decke**:

   Auf mei**nem** Bett liegt eine bun**te** De**ck**e.
   Ich hä**ng**e die Lam**pe** an der De**ck**e auf.

7. Denke dir zwei weitere Sätze aus, in denen das Wort **Decke** vorkommt und schreibe sie in dein Wörterbuch.

8. Gestalte die rechte Seite des Wörterbuches mit einem Bild, welches das Wort **Decke** mindestens 5mal enthält.

47. Schreck

1. Das Wort **Schreck** ist ein Nomen, deshalb wird es immer groß geschrieben. Nomen erkennt man daran, dass sie einen Begleiter haben: der **Schreck**
   - Das Wort **Schreck** wird am Ende mit „ck" geschrieben.
   - Du hast gelernt, dass nach einem kurzen Vokal immer **zwei** Konsonanten folgen. Ist der Konsonant ein „k", so wird das „k" nicht verdoppelt, sondern es wird zu „ck".
   - Das „e" in **Schreck** wird kurz gesprochen. Probiere es aus! Sage mehrmals laut **Schreck, Schreck, Schreck**. Hörst du, dass das „e" kurz gesprochen wird?
   - Sage nun laut abwechselnd **Schreck** - Besen - **Schreck** - Besen - **Schreck**
   - Hörst du den Unterschied? Im Wort **Schreck** wird das „e" kurz gesprochen, im Wort Besen lang.

2. Schreibe **Schreck** in die Überschrift deines Wörterbuchs
   Schreibe darunter: der **Schreck**

3. Stehe auf. Berühre mit dem rechten Ellenbogen das linke Knie und sage hierbei **Schreck,** nun berühre mit dem linken Ellenbogen das rechte Knie und sage dabei **Schreck**. Stelle dir hierbei vor, wie das Wort **Schreck** geschrieben wird. Wiederhole dies insgesamt 10mal.

4. Finde das Wort **Schreck** und kreise es ein.
   Wie oft kommt es vor?

   ScheckSchreckSchadenSchubladeSchreckSchaukel

5. Das Wort **Schreck** kommt auch in anderen Wörtern vor.
   Schreckgespenst, er**schreck**en, **schreck**haft
   Fallen dir noch mehr Wörter ein?

6. Lies die Sätze laut vor und schreibe sie in dein Wörterbuch, unterstreiche **Schreck**:

   Ich möch**te** mei**nem** Freund ei**nen Schreck** ein**ja**gen.
   Er bekam ei**nen** gro**ßen Schreck**.

7. Denke dir zwei weitere Sätze aus, in denen das Wort **Schreck** vorkommt und schreibe sie in dein Wörterbuch.

8. Gestalte die rechte Seite des Wörterbuches mit einem Bild, welches das Wort **Schreck** mindestens 5mal enthält.

48. Stück

1. - Das Wort **Stück** ist ein Nomen, deshalb wird es immer groß geschrieben. Nomen erkennt man daran, dass sie einen Begleiter haben: das **Stück**
   - Das „S" in Wörtern mit „St" oder „Sp" am Anfang wird „Sch" gesprochen. Es gibt keine Wörter mit „Scht" oder „Schp" am Anfang, auch wenn Wörter so gesprochen werden. Diese Wörter werden **immer** mit „St" oder „St" geschrieben: **Stück**
   - Das Wort **Stück** wird am Ende mit „ck" geschrieben.
   - Du hast gelernt, dass nach einem kurzen Vokal immer **zwei** Konsonanten folgen. Ist der Konsonant ein „k", so wird das „k" nicht verdoppelt, sondern es wird zu „ck".
   - Das „ü" in **Stück** wird kurz gesprochen. Probiere es aus! Sage mehrmals laut **Stück**, **Stück**, **Stück**. Hörst du, dass das „ü" kurz gesprochen wird?
   - Sage nun laut abwechselnd **Stück** - Süden - **Stück** - Süden - **Stück**
   - Hörst du den Unterschied? Im Wort **Stück** wird das „ü" kurz gesprochen, im Wort Süden lang.

2. Schreibe **Stück** in die Überschrift deines Wörterbuchs
   Schreibe darunter: das **Stück**

3. Stehe auf. Fasse mit der rechten Hand hinter dem Rücken deinen linken Fuß und sage dabei **Stück**. Stelle dir dabei vor, wie das Wort **Stück** geschrieben wird.
   Fasse nun mit der linken Hand hinter dem Rücken deinen rechten Fuß und sage dabei **Stück**. Stell dir dabei vor, wie das Wort **Stück** geschrieben wird.
   Wiederhole dies insgesamt 10mal.

4. Finde das Wort **Stück** und kreise es ein.
   Wie oft kommt es vor?

   StraßeStreckeStückSeifeStückSturmStelleStück

5. Das Wort **Stück** kommt auch in anderen Wörtern vor.
   Kuchen**stück**, Geld**stück**, Früh**stück**, Einzel**stück**
   Fallen dir noch mehr Wörter ein?

6. Lies die Sätze laut vor und schreibe sie in dein Wörterbuch, unterstreiche **Stück**:

   Ich möch**te** ein **Stück** Ku**ch**en es**sen**.
   Der Hund frisst ein **Stück** von der Wurst.

7. Denke dir zwei weitere Sätze aus, in denen das Wort **Stück** vorkommt und schreibe sie in dein Wörterbuch.

8. Gestalte die rechte Seite des Wörterbuches mit einem Bild, welches das Wort **Stück** mindestens 5mal enthält.

49. Jahr

1. Das Wort **Jahr** ist ein Nomen, deshalb wird es immer groß geschrieben. Nomen erkennt man daran, dass sie einen Begleiter haben: das **Jahr**
- Du hast bereits gelernt, dass Vokale (a,e,i,o,u) lang oder kurz gesprochen werden können. Nach manchen Vokalen, die lang gesprochen werden, steht der Buchstabe „h". Das „h" nennt man dann „Dehnungs-h". Das Dehnungs-h steht nach einem langen Vokal besonders in Verbindung mit den Konsonanten n, l, r und m. Man nennt es auch das „stumme h" oder das „Geister h" denn man hört es auch nicht, wenn man das Wort verlängert. Diese Wörter musst du dir merken.

2. Schreibe **Jahr** in die Überschrift deines Wörterbuchs
   Schreibe darunter: das **Jahr**

3. Steh auf. Male mit der rechten Hand eine 8 in die Luft. Während du malst, sage laut **Jahr**. Stelle dir hierbei vor, wie das Wort **Jahr** geschrieben wird.
   Wiederhole dies insgesamt 5mal.
   Mache die gleiche Übung nun 5mal mit der linken Hand.

4. Finde das Wort **Jahr** und kreise es ein.
   Wie oft kommt es vor?

   JensJuteJahrJonasJahrjederZahlJahrklar

5. Das Wort **Jahr** kommt auch in anderen Wörtern vor.
   Lebens**jahr**, Bau**jahr**, **Jahr**buch
   Fallen dir noch mehr Wörter ein?

6. Lies die Sätze laut vor und schreibe sie in dein Wörterbuch, unterstreiche **Jahr**:

   Am 1. Jan**u**ar be**ginn**t ein n**eu**es **Jahr**.
   In die**sem Jahr** fah**ren** wir in den Fe**ri**en nach Eng**land**.

7. Denke dir zwei weitere Sätze aus, in denen das Wort **Jahr** vorkommt und schreibe sie in dein Wörterbuch.

8. Gestalte die rechte Seite des Wörterbuches mit einem Bild, welches das Wort **Jahr** mindestens 5mal enthält.

50. Zahl

1. Das Wort **Zahl** ist ein Nomen, deshalb wird es immer groß geschrieben. Nomen erkennt man daran, dass sie einen Begleiter haben: die **Zahl**
   - Achte darauf, wie der Buchstabe „Z" am Anfang des Wortes **Zahl** ausgesprochen wird.
   - Du hast bereits gelernt, dass Vokale (a,e,i,o,u) lang oder kurz gesprochen werden können. Nach manchen Vokalen, die lang gesprochen werden, steht der Buchstabe „h". Das „h" nennt man dann „Dehnungs-h". Das Dehnungs-h steht nach einem langen Vokal besonders in Verbindung mit den Konsonanten n, l, r und m. Man nennt es auch das „stumme h" oder das „Geister h" denn man hört es auch nicht, wenn man das Wort verlängert. Diese Wörter musst du dir merken.

2. Schreibe **Zahl** in die Überschrift deines Wörterbuchs
   Schreibe darunter: die **Zahl**

3. Stehe auf. Berühre mit dem rechten Ellenbogen das linke Knie und sage hierbei **Zahl**, nun berühre mit dem linken Ellenbogen das rechte Knie und sage dabei **Zahl**.
   Stelle dir hierbei vor, wie das Wort **Zahl** geschrieben wird.
   Wiederhole dies insgesamt 10mal.

4. Finde das Wort **Zahl** und kreise es ein.
   Wie oft kommt es vor?

   ZwergZahlZahnZehnZahlZombieZahlzählen

5. Das Wort **Zahl** kommt auch in anderen Wörtern vor.
   Mehr**zahl**, **Zahl**tag, Kenn**zahl**
   Fallen dir noch mehr Wörter ein?

6. Lies die Sätze laut vor und schreibe sie in dein Wörterbuch, unterstreiche **Zahl**:

   Die**se Zahl** kann ich nicht le**sen**.
   In der ers**ten** Klas**se** ha**ben** wir die **Zah**l**en** bis 20 ge**lernt**.

7. Denke dir zwei weitere Sätze aus, in denen das Wort **Zahl** vorkommt und schreibe sie in dein Wörterbuch.

8. Gestalte die rechte Seite des Wörterbuches mit einem Bild, welches das Wort **Zahl** mindestens 5mal enthält.

51. Sohn

1. Das Wort **Sohn** ist ein Nomen, deshalb wird es immer groß geschrieben. Nomen erkennt man daran, dass sie einen Begleiter haben: der **Sohn**

- Du hast bereits gelernt, dass Vokale (a,e,i,o,u) lang oder kurz gesprochen werden können. Nach manchen Vokalen, die lang gesprochen werden, steht der Buchstabe „h". Das „h" nennt man dann „Dehnungs-h". Das Dehnungs-h steht nach einem langen Vokal besonders in Verbindung mit den Konsonanten n, l, r und m. Man nennt es auch das „stumme h" oder das „Geister h" denn man hört es auch nicht, wenn man das Wort verlängert. Diese Wörter musst du dir merken.

2. Schreibe **Sohn** in die Überschrift deines Wörterbuchs
   Schreibe darunter: der **Sohn**
                      die Söhne

3. Stehe auf. Fasse mit der rechten Hand hinter dem Rücken deinen linken Fuß und sage dabei **Sohn**. Stelle dir dabei vor, wie das Wort **Sohn** geschrieben wird.
   Fasse nun mit der linken Hand hinter dem Rücken deinen rechten Fuß und sage dabei **Sohn**. Stell dir dabei vor, wie das Wort **Sohn** geschrieben wird.
   Wiederhole dies insgesamt 10mal.

4. Finde das Wort **Sohn** und kreise es ein.
   Wie oft kommt es vor?

   SonneSohnSahneSohnsehenSilberSohnsagenSoße

5. Das Wort **Sohn** kommt auch in anderen Wörtern vor.
   Enkel**sohn**, Schwieger**sohn,** Paten**sohn**
   Fallen dir noch mehr Wörter ein?

6. Lies die Sätze laut vor und schreibe sie in dein Wörterbuch, unterstreiche **Sohn**:

   Meine Mutter hat einen Sohn und eine Tochter.
   Mein Vater ist der Sohn meines Opas.

7. Denke dir zwei weitere Sätze aus, in denen das Wort **Sohn** vorkommt und schreibe sie in dein Wörterbuch.

8. Gestalte die rechte Seite des Wörterbuches mit einem Bild, welches das Wort **Sohn** mindestens 5mal enthält.

52. Zahn

1. Das Wort **Zahn** ist ein Nomen, deshalb wird es immer groß geschrieben. Nomen erkennt man daran, dass sie einen Begleiter haben: der **Zahn**
- Achte darauf, wie der Buchstabe „Z" am Anfang des Wortes **Zahn** ausgesprochen wird.
- Du hast bereits gelernt, dass Vokale (a,e,i,o,u) lang oder kurz gesprochen werden können. Nach manchen Vokalen, die lang gesprochen werden, steht der Buchstabe „h". Das „h" nennt man dann „Dehnungs-h". Das Dehnungs-h steht nach einem langen Vokal besonders in Verbindung mit den Konsonanten n, l, r und m. Man nennt es auch das „stumme h" oder das „Geister h" denn man hört es auch nicht, wenn man das Wort verlängert. Diese Wörter musst du dir merken.

2. Schreibe **Zahn** in die Überschrift deines Wörterbuchs
   Schreibe darunter: der **Zahn**
   die Zähne

3. Steh auf. Male mit der rechten Hand eine 8 in die Luft. Während du malst, sage laut **Zahn**. Stelle dir hierbei vor, wie das Wort **Zahn** geschrieben wird.
   Wiederhole dies insgesamt 5mal.
   Mache die gleiche Übung nun 5mal mit der linken Hand.

4. Finde das Wort **Zahn** und kreise es ein.
   Wie oft kommt es vor?

   ZugZahnBahnzählenZahnZungeZifferZahnZiege

5. Das Wort **Zahn** kommt auch in anderen Wörtern vor.
   Zahnarzt, Backen**zahn**, **Zahn**bürste
   Fallen dir noch mehr Wörter ein?

6. Lies die Sätze laut vor und schreibe sie in dein Wörterbuch, unterstreiche **Zahn**:

   Mein **Zahn** wa**ck**elt.
   Bald be**kom**me ich ei**nen** neu**en** **Zahn**.

7. Denke dir zwei weitere Sätze aus, in denen das Wort **Zahn** vorkommt und schreibe sie in dein Wörterbuch.

8. Gestalte die rechte Seite des Wörterbuches mit einem Bild, welches das Wort **Zahn** mindestens 5mal enthält.

53. Fehler

1. Das Wort **Fehler** ist ein Nomen, deshalb wird es immer groß geschrieben. Nomen erkennt man daran, dass sie einen Begleiter haben: der **Fehler**
- Du hast bereits gelernt, dass Vokale (a,e,i,o,u) lang oder kurz gesprochen werden können. Nach manchen Vokalen, die lang gesprochen werden, steht der Buchstabe „h". Das „h" nennt man dann „Dehnungs-h". Das Dehnungs-h steht nach einem langen Vokal besonders in Verbindung mit den Konsonanten n, l, r und m. Man nennt es auch das „stumme h" oder das „Geister h" denn man hört es auch nicht, wenn man das Wort verlängert. Diese Wörter musst du dir merken.
- Das „er" am Ende kannst du nicht gut hören, du musst das Wort genau aussprechen, damit du es hören kannst. Sprich: **Feh - ler**

2. Schreibe **Fehler** in die Überschrift deines Wörterbuchs
   Schreibe darunter: der **Fehler**

3. Stehe auf. Berühre mit dem rechten Ellenbogen das linke Knie und sage hierbei **Feh-ler**, nun berühre mit dem linken Ellenbogen das rechte Knie und sage dabei **Feh-ler**.
   Stelle dir hierbei vor, wie das Wort **Fehler** geschrieben wird.
   Wiederhole dies insgesamt 10mal.

4. Finde das Wort **Fehler** und kreise es ein.
   Wie oft kommt es vor?

   FederFehlerfaulFoto FehlerFischFehlerFlascheFehlerFormFehler

5. Das Wort **Fehler** kommt auch in anderen Wörtern vor.
   Schreib**fehler**, **Fehler**zahl, Mess**fehler**
   Fallen dir noch andere Wörter ein?

6. Lies die Sätze laut vor und schreibe sie in dein Wörterbuch, unterstreiche **Fehler**:

   Ich ha**be** im Dik**tat** nur zwei Feh**ler** ge**macht**.
   Im Bild sind fünf Feh**ler** ver**steckt**.

7. Denke dir zwei weitere Sätze aus, in denen das Wort **Fehler** vorkommt und schreibe sie in dein Wörterbuch.

8. Gestalte die rechte Seite des Wörterbuches mit einem Bild, welches das Wort **Fehler** mindestens 5mal enthält.

54. Stuhl

1. Das Wort **Stuhl** ist ein Nomen, deshalb wird es immer groß geschrieben. Nomen erkennt man daran, dass sie einen Begleiter haben: der **Stuhl**
- Das „S" in Wörtern mit „St" oder „Sp" am Anfang wird „Sch" gesprochen. Es gibt keine Wörter mit „Scht" oder „Schp" am Anfang, auch wenn Wörter so gesprochen werden. Diese Wörter werden **immer** mit „St" oder „St" geschrieben: **Stuhl**
- Du hast bereits gelernt, dass Vokale (a,e,i,o,u) lang oder kurz gesprochen werden können. Nach manchen Vokalen, die lang gesprochen werden, steht der Buchstabe „h". Das „h" nennt man dann „Dehnungs-h". Das Dehnungs-h steht nach einem langen Vokal besonders in Verbindung mit den Konsonanten n, l, r und m. Man nennt es auch das „stumme h" oder das „Geister h" denn man hört es auch nicht, wenn man das Wort verlängert. Diese Wörter musst du dir merken.

2. Schreibe **Stuhl** in die Überschrift deines Wörterbuchs
   Schreibe darunter: der **Stuhl**
   die Stühle

3. Stehe auf. Fasse mit der rechten Hand hinter dem Rücken deinen linken Fuß und sage dabei **Stuhl**. Stelle dir dabei vor, wie das Wort **Stuhl** geschrieben wird.
   Fasse nun mit der linken Hand hinter dem Rücken deinen rechten Fuß und sage dabei **Stuhl**. Stell dir dabei vor, wie das Wort **Stuhl** geschrieben wird.
   Wiederhole dies insgesamt 10mal.

4. Finde das Wort **Stuhl** und kreise es ein.
   Wie oft kommt es vor?

   StahlStuhlStirnstehenStuhlSonneStuhlsteil

5. Das Wort **Stuhl** kommt auch in anderen Wörtern vor.
   Hoch**stuhl**, Roll**stuhl**, Küchen**stuhl**, **Stuhl**bein
   Fallen dir noch mehr Wörter ein?

6. Lies die Sätze laut vor und schreibe sie in dein Wörterbuch, unterstreiche **Stuhl**:

   Vor mei**nem** Schreib**tisch** steht ein **Stuhl**.
   Ich sit**ze** in der Schu**le** auf ei**nem** **Stuhl** aus Holz.

7. Denke dir zwei weitere Sätze aus, in denen das Wort **Stuhl** vorkommt und schreibe sie in dein Wörterbuch.

8. Gestalte die rechte Seite des Wörterbuches mit einem Bild, welches das Wort **Stuhl** mindestens 5mal enthält.

55. Wahl

1. Das Wort **Wahl** ist ein Nomen, deshalb wird es immer groß geschrieben. Nomen erkennt man daran, dass sie einen Begleiter haben: die **Wahl**
- Du hast bereits gelernt, dass Vokale (a,e,i,o,u) lang oder kurz gesprochen werden können. Nach manchen Vokalen, die lang gesprochen werden, steht der Buchstabe „h". Das „h" nennt man dann „Dehnungs-h". Das Dehnungs-h steht nach einem langen Vokal besonders in Verbindung mit den Konsonanten n, l, r und m. Man nennt es auch das „stumme h" oder das „Geister h" denn man hört es auch nicht, wenn man das Wort verlängert. Diese Wörter musst du dir merken.

2. Schreibe **Wahl** in die Überschrift deines Wörterbuchs
   Schreibe darunter: die **Wahl**
   die Wahlen

3. Steh auf. Male mit der rechten Hand eine 8 in die Luft. Während du malst, sage laut **Wahl**. Stelle dir hierbei vor, wie das Wort **Wahl** geschrieben wird.
   Wiederhole dies insgesamt 5mal.
   Mache die gleiche Übung nun 5mal mit der linken Hand.

4. Finde das Wort **Wahl** und kreise es ein.
   Wie oft kommt es vor?

   ZahlWahlWaldWortWieseWahlWurmWahlwissenWahlwild

5. Das Wort **Wahl** kommt auch in anderen Wörtern vor.
   Wahltag, **Wahl**fach, Brief**wahl**
   Fallen dir noch mehr Wörter ein?

6. Lies die Sätze laut vor und schreibe sie in dein Wörterbuch, unterstreiche **Wahl**:

   Mor**gen** fin**det** die **Wahl** zum Klas**sen**spre**cher** statt.
   Ich ha**be** kei**ne Wahl**, ich muss jetzt ar**bei**ten.

7. Denke dir zwei weitere Sätze aus, in denen das Wort **Wahl** vorkommt und schreibe sie in dein Wörterbuch.

8. Gestalte die rechte Seite des Wörterbuches mit einem Bild, welches das Wort **Wahl** mindestens 5mal enthält.

56. Lehrer

1. Das Wort **Lehrer** ist ein Nomen, deshalb wird es immer groß geschrieben. Nomen erkennt man daran, dass sie einen Begleiter haben: der **Lehrer**
   - Du hast bereits gelernt, dass Vokale (a,e,i,o,u) lang oder kurz gesprochen werden können. Nach manchen Vokalen, die lang gesprochen werden, steht der Buchstabe „h". Das „h" nennt man dann „Dehnungs-h". Das Dehnungs-h steht nach einem langen Vokal besonders in Verbindung mit den Konsonanten n, l, r und m. Man nennt es auch das „stumme h" oder das „Geister h" denn man hört es auch nicht, wenn man das Wort verlängert. Diese Wörter musst du dir merken.
   - Das „er" am Ende kannst du nicht gut hören, du musst das Wort genau aussprechen, damit du es hören kannst. Sprich: **Leh - rer**

2. Schreibe **Lehrer** in die Überschrift deines Wörterbuchs
   Schreibe darunter: der **Lehrer**

3. Stehe auf. Berühre mit dem rechten Ellenbogen das linke Knie und sage hierbei **Leh-rer**, nun berühre mit dem linken Ellenbogen das rechte Knie und sage dabei **Leh-rer**.
   Stelle dir hierbei vor, wie das Wort **Lehrer** geschrieben wird.
   Wiederhole dies insgesamt 10mal.

4. Finde das Wort **Lehrer** und kreise es ein.
   Wie oft kommt es vor?

   LeuteLehrerlernenLehrerFehlerFederLehrerLimokehrenLehrerEule

5. Das Wort **Lehrer** kommt auch in anderen Wörtern vor.
   Musik**lehrer**, Reit**lehrer**, **Lehrer**zimmer, **Lehrer**in
   Fallen dir noch mehr Wörter ein?

6. Lies die Sätze laut vor und schreibe sie in dein Wörterbuch, unterstreiche **Lehrer**:

   In unserer Schule gibt es viele Lehrer.
   Unser Lehrer hat uns heute keine Hausaufgaben aufgegeben.

7. Denke dir zwei weitere Sätze aus, in denen das Wort **Lehrer** vorkommt und schreibe sie in dein Wörterbuch.

8. Gestalte die rechte Seite des Wörterbuches mit einem Bild, welches das Wort **Lehrer** mindestens 5mal enthält.

57. Uhr

1. Das Wort **Uhr** ist ein Nomen, deshalb wird es immer groß geschrieben. Nomen erkennt man daran, dass sie einen Begleiter haben: die **Uhr**

- Du hast bereits gelernt, dass Vokale (a,e,i,o,u) lang oder kurz gesprochen werden können. Nach manchen Vokalen, die lang gesprochen werden, steht der Buchstabe „h". Das „h" nennt man dann „Dehnungs-h". Das Dehnungs-h steht nach einem langen Vokal besonders in Verbindung mit den Konsonanten n, l, r und m. Man nennt es auch das „stumme h" oder das „Geister h" denn man hört es auch nicht, wenn man das Wort verlängert. Diese Wörter musst du dir merken.

- Das „r" am Ende von **Uhr** kann man nicht gut hören. Um zu erkennen, dass **Uhr** am Ende mit einem r geschrieben wird, kann man das Wort verlängern, indem man die Mehrzahl bildet: die **Uhr**en. Nun kann man das r am Ende gut hören.

2. Schreibe **Uhr** in die Überschrift deines Wörterbuchs
   Schreibe darunter: die **Uhr**
   die Uhren

3. Stehe auf. Fasse mit der rechten Hand hinter dem Rücken deinen linken Fuß und sage dabei **Uhr**. Stelle dir dabei vor, wie das Wort **Uhr** geschrieben wird.
   Fasse nun mit der linken Hand hinter dem Rücken deinen rechten Fuß und sage dabei **Uhr**. Stell dir dabei vor, wie das Wort **Uhr** geschrieben wird.
   Wiederhole dies insgesamt 10mal.

4. Finde das Wort **Uhr** und kreise es ein.
   Wie oft kommt es vor?

   UrwaldUhrUmkreisuraltUhrunterUhruntenUmwelt

5. Das Wort **Uhr** kommt auch in anderen Wörtern vor.
   Turm**uhr**, **Uhr**zeit, Armband**uhr**
   Fallen dir noch mehr Wörter ein?

6. Lies die Sätze laut vor und schreibe sie in dein Wörterbuch, unterstreiche **Uhr**:

   Wie**viel Uhr** ist es?
   Ich muss um 18 **Uhr** zu**hau**se sein.

7. Denke dir zwei weitere Sätze aus, in denen das Wort **Uhr** vorkommt und schreibe sie in dein Wörterbuch.

8. Gestalte die rechte Seite des Wörterbuches mit einem Bild, welches das Wort **Uhr** mindestens 5mal enthält.

58. Eis

1. Das Wort **Eis** ist ein Nomen, deshalb wird es immer groß geschrieben. Nomen erkennt man daran, dass sie einen Begleiter haben: das **Eis**
- Das „ei" in **Eis** wird „ai" ausgesprochen. „Ei" wird meistens „ai" gesprochen, aber „ei" geschrieben. Es gibt nur wenige Wörter, die mit „ai" geschrieben werden, z.B. „Mais". Wenn du „ai" in einem Wort hörst und nicht genau weißt, wie das Wort geschrieben wird, schreibe es mit „ei": **Eis**

2. Schreibe **Eis** in die Überschrift deines Wörterbuchs
   Schreibe darunter: das **Eis**

3. Stehe auf. Berühre mit dem rechten Ellenbogen das linke Knie und sage hierbei **Eis**, nun berühre mit dem linken Ellenbogen das rechte Knie und sage dabei **Eis**.
   Stelle dir hierbei vor, wie das Wort **Eis** geschrieben wird.
   Wiederhole dies insgesamt 10mal.

4. Finde das Wort **Eis** und kreise es ein.
   Wie oft kommt es vor?

   ReisEisweißheißEisPreisEisEileEisEmil

5. Das Wort **Eis** kommt auch in anderen Wörtern vor.
   Wasser**eis**, **Eis**tee, **Eis**zeit
   Fallen dir noch mehr Wörter ein?

6. Lies die Sätze laut vor und schreibe sie in dein Wörterbuch, unterstreiche **Eis**:

   Im Som**mer** es**se** ich ger**ne Eis**.
   Ich kau**fe** mir zwei Ku**geln Eis**.

7. Denke dir zwei weitere Sätze aus, in denen das Wort **Eis** vorkommt und schreibe sie in dein Wörterbuch.

8. Gestalte die rechte Seite des Wörterbuches mit einem Bild, welches das Wort **Eis** mindestens 5mal enthält.

59. Preis

1. Das Wort **Preis** ist ein Nomen, deshalb wird es immer groß geschrieben. Nomen erkennt man daran, dass sie einen Begleiter haben: der **Preis**

- Das „ei" in **Preis** wird wird „ai" ausgesprochen. „Ei" wird meistens „ai" gesprochen, aber „ei" geschrieben. Es gibt nur wenige Wörter, die mit „ai" geschrieben werden, z.B. „Mais". Wenn du „ai" in einem Wort hörst und nicht genau weißt, wie das Wort geschrieben wird, schreibe es mit „ei": **Preis**

- Um zu erkennen, dass **Preis** am Ende mit einem einfachen „s" geschrieben wird, kann man das Wort verlängern, indem man die Mehrzahl bildet: die **Preise**
Das „s" am Ende wird weich -wie ein Summen- gesprochen. Im Unterschied dazu wird das „s" bei Wörtern, die mit zwei „ss" geschrieben werden, hart gesprochen, wie z.B. in Presse.
Probiere es aus: Sprich abwechselnd **Preise** - Presse - **Preise** - Presse - **Preise**

2. Schreibe **Preis** in die Überschrift deines Wörterbuchs
Schreibe darunter: der **Preis**
                     die Preise

3. Stehe auf. Fasse mit der rechten Hand hinter dem Rücken deinen linken Fuß und sage dabei **Preis**. Stelle dir dabei vor, wie das Wort geschrieben wird.
Fasse nun mit der linken Hand hinter dem Rücken deinen rechten Fuß und sage dabei **Preis**. Stell dir dabei vor, wie das Wort geschrieben wird.
Wiederhole dies insgesamt 10mal.

4. Finde das Wort **Preis** und kreise es ein.
Wie oft kommt es vor?

PostPreisReisKreisPreisPiratreisenPreisReis

5. Das Wort **Preis** kommt auch in anderen Wörtern vor.
Preisschild, **Preis**geld, End**preis**
Fallen dir noch mehr Wörter ein?

6. Lies die Sätze laut vor und schreibe sie in dein Wörterbuch, unterstreiche **Preis**:

Ich ha**be** beim Wett**kampf** ei**nen Preis** ge**won**nen.
Die Prei**se** stei**gen** im**mer** mehr.

7. Denke dir zwei weitere Sätze aus, in denen das Wort **Preis** vorkommt und schreibe sie in dein Wörterbuch.

8. Gestalte die rechte Seite des Wörterbuches mit einem Bild, welches das Wort **Preis** mindestens 5mal enthält.

60. Kleid

1. Das Wort **Kleid** ist ein Nomen, deshalb wird es immer groß geschrieben. Nomen erkennt man daran, dass sie einen Begleiter haben: das **Kleid**
   - Das „ei" in **Kleid** wird wird „ai" ausgesprochen. „Ei" wird meistens „ai" gesprochen, aber „ei" geschrieben. Es gibt nur wenige Wörter, die mit „ai" geschrieben werden, z.B. „Mais". Wenn du „ai" in einem Wort hörst und nicht genau weißt, wie das Wort geschrieben wird, schreibe es mit „ei": **Kleid**
   - Um zu erkennen, dass **Kleid** am Ende mit einem d geschrieben wird, kann man das Wort verlängern, indem man die Mehrzahl bildet: die **Kleider**
   Nun kann man das d am Ende gut hören.

2. Schreibe **Kleid** in die Überschrift deines Wörterbuchs
   Schreibe darunter: das **Kleid**
   die Kleider

3. Steh auf. Male mit der rechten Hand eine 8 in die Luft. Während du malst, sage laut **Kleid**. Stelle dir hierbei vor, wie das Wort **Kleid** geschrieben wird.
   Wiederhole dies insgesamt 5mal.
   Mache die gleiche Übung nun 5mal mit der linken Hand.

4. Finde das Wort **Kleid** und kreise es ein.
   Wie oft kommt es vor?

   KroneKleidKindKleidKalenderKunstKleidKarate

5. Das Wort **Kleid** kommt auch in anderen Wörtern vor.
   Sommer**kleid**, **Kleider**schrank, Ball**kleid**
   Fallen dir noch mehr Wörter ein?

6. Lies die Sätze laut vor und schreibe sie in dein Wörterbuch, unterstreiche **Kleid**:

   Das Mäd**chen** hat ein bun**tes Kleid** an.
   Das **Kleid** ist zu groß für dich.

7. Denke dir zwei weitere Sätze aus, in denen das Wort **Kleid** vorkommt und schreibe sie in dein Wörterbuch.

8. Gestalte die rechte Seite des Wörterbuches mit einem Bild, welches das Wort **Kleid** mindestens 5mal enthält.

Printed in Poland
by Amazon Fulfillment
Poland Sp. z o.o., Wrocław